조선을 읽다, 서울을 느끼다

조선을 읽다, 서울을 느끼다

– 이상배와 함께하는 서울역사 강의록 –

이상배

역사인

우리 속담에 '구슬이 서 말이라도 꿰어야 보배'라는 말이 있다. 우리가 살아 온 역사 속에는 무궁무진한 이야기 거리들이 존재한다. 현재 우리는 모든 분야에서 정보의 홍수 속에 살고 있다. 역사와 관련된 수많은 정보 또한 그러하다. 그러나 수많은 컨텐츠가 있어도 이를 어떻게 활용하느냐에 따라 그 가치는 다르다. 대중 매체 뿐 아니라 지방자치단체들도 역사 속에서 다양한 스토리를 발굴하고, 이를 현장에 적용한다. 각 지역마다 존재하는 둘레길이나 골목길은 물론 공간과 시간을 연결하여 스토리화 하는 작업이 한창이다. 서울시도 예외는 아니다. 이러한 작업들이 시민들의 삶의 질을 높이는 일이기 때문이다.

필자가 근무하는 곳은 서울시청이다. 서울시 공무원으로서 행정이 아닌 역사를 매개로 전문직으로 공직에 들어왔다. 주요 업무는 서울의 역사를 연구하고 이를 편찬하는 일이다. 당시는 주요 사업으로 《서울육백년사》를 발간하는 것이었다. 그런데 공직사회에서 늘 들었던 이야기는 많이 읽지도 않고, 읽기도 어려운 책을 왜 돈을 들여서 만드냐는 것이었다. 그럴 때마다 이 일은 장기적인 사업이며, 서울 역사 연구가 축적되었을 때 그 가치를 발휘할 것이라고 강변했다. 그러면서도 가슴 한 편으로는 그들의 말도 일리가 있다는 생각을 했다. 즉 쉽게 읽고 이해할 수 있는, 서울시 행정에 직접적으로 도움이 되는 책을 발간하는 것도 중요한 일이라는 것을. 기초 연구도 중요하지만 세금을 내는 시민들에게 직접적인 혜택이 돌아갈 수 있는 사업을 하는 것도 꼭 해야 할 일이다.

1949년에 설립된 서울시사편찬위원회는 2015년 서울역사편찬원으로 이름을 바꾸고 단독 사업소가 됐다. 내년이면 벌써 70살이다. 20년 전 연구원들은 당시까지 축적된 연구 결과를 이제는 시민들과 함께 나누어야 할 시점에 와 있다고 생각했다. 그 일환으로 읽기 쉬운 책을 표방한 내고향 서울 시리즈를 발간하기 시작했다.《서울의 산》,《서울의 고개》,《서울의 하천》등으로 과거 흑백 위주의 책에서 사진이나 지도 등 이미지를 넣은 컬러 책을 발간하기 시작했다. 이어서 대중 역사 강의와 시민 답사 프로그램도 진행했다. 본격적인 서울 역사 대중화의 길을 모색한 것이다. 시민들의 반응도 폭발적이었다. 2004년부터 시작한 대중 역사 강의와 현장 답사는 자리다툼을 할 정도였고, 수강을 위한 경쟁률이 5대 1을 넘을 정도였다.

2000년 이후 시민들의 역사에 대한 관심은 매우 높아졌다. 시민들이 폭발적으로 역사에 관심을 갖게 된 것은《조선왕조실록》번역본이 전산화되면서다. 수많은 역사 컨텐츠를 간직한 정보의 보고인 실록의 전산화로 각종 드라마, 영화, 소설, 다큐 등이 무차별적으로 쏟아지기 시작했다. 과거 역사학자들만이 접근했던 실록의 기록을 이제는 누구나 쉽게 컴퓨터를 통해 조선으로의 여행이 가능해진 것이다. 이로서 역사의 대중화는 본격화됐다.

뿐만 아니라 2010년 이후부터 인문학에 대한 열풍이 불기 시작했다. 인간이 왜, 무엇을 위해 살며, 어떻게 인생을 사는 것이 바람직한 것인가에 대한 근본적인 질문에서 출발하면서다. 나아가 인문학을 이용한 우울증 치료와 보다 의미있는 노년의 삶을 살기를 바라는 간절한 마음이 반영되어 전국적으로 인문학 강좌가 개설됐다. 인문학의 기본은 문학과 역사 그리고 철학이다. 이를 통해 나 자신을 돌아보는 계기를 마련하는 것이다. 특히 퇴직 후에 어떠한 삶을 살 것인가에 대한 근본적인 질문의 해답을 찾기 위한 일환이기도 하다.

서울 역사 편찬에 오래도록 참여한 필자는 이러한 사회적 분위기에 따라 다양한 시민 강좌에 참여했다. 서울 시민은 물론 문화유산해설사, 관광가이드, 서울시 공직자들과도 강의를 통해 소통하는 시간이 많았다. 이 책은 지금까지 다양한 장소에서 여러 계층에게 서울 역사를 알리기 위해 강의했던 내용들을 주제별로 원고화한 것이다. 이제 서울 역사에 관심있는 여러 시민과 함께 공유하고 싶은 생각에서 조선을 읽고, 서울을 느끼자는 의미에서 책 발간을 결심했다. 대부분의 역사학자들은 논문 한 편 쓰는 것보다 쉽게 쓰는 대중적인 글쓰기를 더 어려워한다. 필자도 예외는 아니다. 이 글이 얼마만큼 시민들에게 받아들여질까 걱정이 앞서는 것도 사실이다. 그럼에도 구슬을 꿰고자 결정한 것은 안 쓰고 마음이 불편한 것보다는 쓰고 질책을 받는 것이 옳다고 생각했기 때문이다.

이 책은 모두 4부로 구성했다. 1부는 조선시대 서울의 모습 중에서 우리가 간과하고 넘어갔던 이야기들을 주로 담았다. 서울의 탄생과 사회, 경제, 국제화, 한강 그리고 고대 도시 한성의 역사를 다뤘다. 2부는 서울의 대표적인 공간인 궁궐을 중심으로 개괄적인 이야기들을 수록했다. 3부는 조선시대 서울시 공무원들은 어떤 일들을 했으며, 청백리로서의 삶을 살았던 사람들의 이야기, 최고 지식인들인 성균관 유생들과 전문 직종에 종사하는 통역관들의 삶, 그리고 선비들이 즐겼던 여가생활 등을 묶었다. 마지막으로 4부는 서울에서 일어났던 사건과 특이한 문화재 등 조선시대 서울에 대한 단상을 모았다.

이 책이 조선시대 서울의 모든 역사상을 담은 것은 절대 아니다. 서울은 수많은 역사상을 품고있는 양파같은 도시이다. 무수한 실타래를 풀어가면서 하나하나 탐구하다 보면 시간가는 줄 모르고 희열을 느낄 수 있는 곳이 우리의 수도 서울이다. 또한 그것이 수도 서울 역사의 매력이다. 따라서 앞으로 이와 유사한 책이 더욱 많이 나올 것이다. 요즘같이 인문학 도서 판매가 어려운 때 멋진 책으로 출판해 준 역사인에 감사를 드린다.

2018년 10월
올림픽공원에서 이상배

서울의 모습

우리가 몰랐던 조선시대

제 1 부

1장

조선의 심장으로 한양을 명하나니

이성계와 정도전의 이유 있는 만남

한때 수도 이전을 두고 나라가 시끄러웠다. 결국 '서울은 관습법적으로 수도로 인정된다.'는 법적 판결에 따라 '행정수도'라는 이름으로 세종시가 탄생했다. 당시 수도 이전을 주장한 근거 중 하나는 대한민국 국토의 균형 발전을 위해서는 수도가 한반도 남부 중앙에 위치하는 것이 합리적이라는 논리였다.

역사적으로 한반도의 중앙에 해당하는 한강 유역은 고대 삼국이 서로 차지하기 위해 혈안이 됐던 곳이다. 아마도 한반도 땅에서 우리 조상이 가장 피를 많이 흘린 곳도 이곳 한강 유역이었을 것이다. 백제는 건국부터 이곳을 주목해 500여 년간 수도로 삼았고, 고려는 수도인 개경 이외에 평양(서경)과 경주(동경) 그리고 양주(남경)에 삼경을 두어 제2의 행정도시로 대우했다. 이후 조선이 건국되면서 수도는 고려 개경에서 한양(과거 양주, 현재 서울)으로 옮겨졌고, 오늘날까지 700년 이상 우리의 수도로 자리 잡고 있다.

그렇다면 조선은 왜 고려 개경에서 지금의 서울로 수도를 바꾼 것일까? 그 배경을 이해하려면 조선을 건국한 태조 이성계의 과거사를 되짚어볼 필요가 있다.

각종 문헌 자료에 따르면 이성계의 조상은 원래 전주에 있었다. 그의 고조는 이안사(뒤에 목조로 추대)로 본래 전주에서 살다 지방관과 다툰 뒤 삼척으로 적을 옮겼다. 이때 170여 호가 그를 뒤따랐다 한다. 이후 삼척에서 다시 함경도 덕원으로 옮겼는데, 당시는 고려가 원나라의 영향과 간섭을 받을 때였다. 그러나 이성계의 아버지인 이자춘 때에 오면 정치 형세가 많이 달라지는데, 이때는 공민왕이 원나라를 멀리하면서 자주적인 대외정책을 펴고 있을 때였다.

이자춘은 정세가 바뀌자 공민왕의 정책에 호응해 고려 도읍지인 개경으로 와서 공민왕을 알현하고 소부윤이라는 벼슬을 받았다. 공민왕 9년에 이자춘이 죽었는데, 이 무렵 그는 병마사라는 직함을 가지고 있었다. 당시는 공민왕이 북방 개척을 위해 유인우를 보내 몽고를 무찌를 때였다. 이자춘은 유인우에 호응했고, 그 결과로 병마사라는 지위를 얻었다.

충숙왕 4년 함경도 영흥군 흑석리에서 태어난 이성계는 아버지의 지위를 계승해 병마사의 지위에 있었다. 이성계는 선대부터 동북면 지역의 고려인과 여진인으로 구성된 강한 군사력을 배경으로 성장했다. 조선왕조가 건국된 이후 개국공신으로 책봉된 사람 중에는 여진족 출신도 있을 정도였다. 이성계가 중앙 정계에 등장하던 때는 고려가 군사력을 필요로 하던 때였다. 공민왕 때부터 북쪽에서는 홍건적과 여진족이 쳐들어왔고, 남쪽에는 왜구들이 노략질을 일삼고 있었다. 고려는 외적들을 물리치기 위한 강한 군사력이 필요했다.

이성계는 공민왕 11년 홍건적이 북방에서부터 개경까지 쳐들어왔을 때, 공민왕 13년 여진족들이 두만강에서 동북면 일대로 쳐들어

왔을 때, 공민왕 18년 고려가 원의 동녕부를 공격할 때 등 다양한 시점에서 군공을 세우며 동북면 원수라는 지위에 올랐다.

공민왕 다음으로 우왕이 왕위에 오르자 해적과 왜구들이 침략해 왔다. 고려 조정은 이성계에 요청해 충청도와 전라도 지역까지 출전했고, 전라도 내륙지방인 운봉까지 들어와 있던 왜구를 크게 무찔렀다. 이성계의 전공은 당시 왜구와 직접 맞서는 것을 꺼렸던 다른 무신들과 비교하면 더욱 두드러진 것이었다. 이 공으로 개경 정부는 이성계에게 동북면도원수의 직함을 내렸다. 이처럼 이성계는 홍건적과 여진족, 왜구 등 외적을 모두 물리친 공으로 군사적으로 크게 성장했다. 이제 이성계는 적어도 군사적으로는 고려사회에서 무시할 수 없는 존재로 부각되고 있었다.

반면 중앙 정계에서는 거의 두각을 나타내지 못하고 있었다. 개경의 무신이나 문신들과 거의 연결되지 못하고 중앙정부로부터 소외된 상태였다. 이러한 상황에서 1383년^(우왕 9) 정도전이 함흥에 있던 이성계를 찾아 왔다. 정도전은 우왕이 집권한 이후 개경의 중앙정부 내에서 무신의 세력이 커지자 이성계와의 제휴를 통해 군사적 힘으로 이들을 견제하고자 했다. 이 만남을 계기로 이성계와 정도전, 정몽주 등 신진사대부들은 하나로 결집될 수 있었고, 이성계는 중앙 정계에서 점차 자신의 영역을 확장해 나갔다.

이성계 일파의 세력이 커지자 우왕은 이들을 견제하기 위해 장인인 최영에게 의지했다. 우왕은 권신 이인임의 추대를 받아 공민왕에 이어 왕위에 올랐으나 공민왕의 친아들이 아니라는 의심을 받고 있었다. 이에 우왕은 공민왕의 개혁을 반대하는 권문세가의 횡포를 막지 못했다. 권문세족들은 토지를 더욱 늘려 나갔으며, 농민들의 삶은

태조 이성계의 어진

더더욱 어려워져만 갔다. 더욱이 권문세가들은 외교 면에서도 새롭게 뻗어 나오는 명나라를 멀리하면서 오히려 멀리 몽고까지 쫓겨난 원과 가깝게 지내는 어리석음을 보였다.

홍건적의 침입과 왜구의 약탈 등으로 나라가 안팎으로 어지러울 때 외적을 무찌르는 큰 공을 세운 장수가 최영과 이성계였다. 그러나 최영과 이성계 사이에는 많은 차이점이 있었다. 최영은 우왕의 장인 이었고 귀족이었다. 반면에 이성계는 전공을 세웠음에도 소외되어 있 다가 겨우 중앙에 진출한 인물이었다. 더욱이 정도전과 이성계의 만 남을 계기로 이성계 휘하에는 정도전과 조준 같은 신왕조 건설을 위 한 혁명파들이 결집하고 있었다.

고려의 멸망과 조선의 건국

최영은 이성계의 제거를 꾀했다. 마침 명나라가 옛 쌍성총관부 자리 에 철령위를 설치한다고 통고하자 최영을 비롯한 고려의 친원파들은 명을 정벌하기 위해 요동을 공격한다는 방침을 정했다. 최영이 팔도 도통사, 조민수가 좌군도통사, 이성계가 우군도통사를 맡아 3만 8천 의 군대가 압록강으로 진격했다. 다만 최영은 팔도도통사였으나 우왕 의 요청이라며 요동 공격에 직접 참여하지 않았다.

당시 이성계는 요동 공격을 찬성하지 않았다. 이성계로서는 자신 의 강력한 사병 집단이 요동 공격에 의해 큰 타격을 입게 될 뿐만 아 니라, 명나라와 적대적 관계가 되는 것은 나라의 장래에도 좋지 않다 고 판단했다. 그는 우기에 작전하는 것의 어려움과 군량미 문제, 소국 이 대국을 칠 수 없다는 불가론을 내세웠다. 하지만 최영에 의해 묵살

됐고 명령에 따라 출병했다. 그리고 결국 이성계는 압록강 가운데 있는 위화도에서 군대를 돌려 개경으로 되돌아왔다. 개경에 들어온 이성계는 최영과 우왕을 잇달아 유배 보냈다. 이후 이색과 조민수 등이 주동이 되어 창왕을 세웠는데, 이성계 일파는 창왕을 내쫓고 공양왕을 내세웠다.

이때부터 이성계는 정치의 실권을 장악했다. 권문세가가 가지고 있던 경제적 기반을 없애기 위해 조준의 건의에 따라 토지제도를 개혁했다. 공양왕 2년에는 옛 토지대장을 모두 불태워 버렸는데, 그 불길이 며칠간이나 계속될 정도였다. 이어 공양왕 3년 5월 과전법을 실시해 전제개혁을 일단락 했다. 토지 개혁이 실시되자 권문세가들을 비롯해 개경의 많은 관리들이 농장 등 경제적 기반을 하루아침에 상실했다. 이들은 이성계 일파에 대한 강한 불만을 품었고, 비판적 여론

최영 장군 묘역

이 갈수록 높아졌다. 이때부터 정몽주는 이성계와 반대 입장을 보였고, 정몽주의 비극이 시작됐다.

조선은 이성계를 대표로 하는 무인세력, 정도전과 조준으로 대표되는 신흥사대부 세력이 힘을 합해 만든 나라였다. 이성계를 필두로 하는 신흥 무인들은 당대 최고의 군사력을 가지고 있었지만, 이들의 입장을 이해하고 지원해줄 수 있는 정치세력이 필요했다. 반면 정도전과 조준 등을 대표로 하는 신흥사대부들은 고려에서 크게 등용되지 못하고 있었고, 고려 말의 정치 현실에 불만을 가지고 있었다.

이 무렵 중국의 정세는 원나라가 쇠퇴하고 명나라가 새롭게 일어

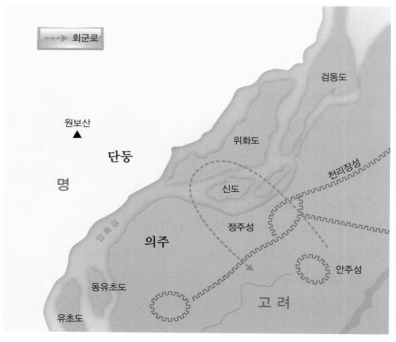

위화도 회군 지도

정몽주의 죽음을 간직한 선죽교

나는 형세였다. 신흥사대부들은 외교적으로 반원정책을 주장했으며, 내부적으로는 권문세가와 대항했다. 신흥사대부들은 고려사회를 지배하고 있던 불교에 반대해 새로운 정신 체계인 성리학을 그들의 정치적 이념으로 삼았다. 정도전 등의 사대부들은 유교 정치의 이상을 실현하고자 했고, 일찍부터 신왕조 건설의 구상을 가지고 있었다. 하지만 그들에겐 국가를 바꿀만한 군사력이 없었다. 이처럼 사대부들과 신흥 무인의 두 세력은 서로를 필요로 하는 처지와 입장에 있었고, 또 서로의 욕구를 충족시켜 줄 수 있는 여건을 갖추고 있었다.

정치 실권을 장악한 이성계는 공양왕 2년 최고위직인 시중에 올랐다. 이어 과거의 5군을 3군으로 고쳐 이성계, 정도전, 조준이 사령관을 맡아 병권까지 장악했다. 신왕조 건설을 위한 기반을 군건히 다

정몽주 초상

져나가고 있었던 것이다.

그러나 1392년(공양왕 4) 3월 이성계가 해주에서 사냥을 하다 말에서 떨어져 부상을 입었다. 정몽주 등 고려의 구신세력은 이 기회를 이용해 정도전과 조준, 남재 등 핵심 인물들을 탄핵하고 지방으로 몰아냈다. 커다란 위기를 맞이한 신왕조 건국 세력은 비상수단을 쓸 수밖에 없었다. 결국 구신세력을 대표하는 정몽주는 선죽교에서 죽음을 맞았다. 다시 중요 관직을 맡게 된 이성계 일파는 반대 세력을 대부분 제거했고, 군신의 추대 형식을 빌려 그해 7월 17일 이성계가 왕위에 올랐다.

새로운 한양에서 새로운 조선을 열다

1392년 7월 17일 조선을 창건한 태조 이성계李成桂는 고려 마지막 임금인 공양왕에게 선위禪位를 받는 형식으로 즉위했다. 태조는 즉위와 동시에 하루빨리 수도를 다른 곳으로 옮기기를 원했다.

새 나라를 세움에 따라 도읍도 새롭게 정해야 한다는 점, 개경의 지덕地德이 이미 쇠하여 조선의 도읍지로 마땅하지 않다는 점, 우왕과 창왕을 폐출하고 명망 높은 중신들인 최영과 정몽주 등을 살해한 개경에서 하루 빨리 벗어나고 싶은 태조의 심리 등이 주요 원인으로 작용했다. 태조는 수도로 적합한 여러 지역을 조사하고 현지를 직접 답사하기도 했다. 그 결과 최종적으로 결정된 곳이 지금의 서울이다.

한양은 나라의 중심에 위치해 전국을 통솔하기에 유리하며, 삼각산과 한강을 끼고 있어 경관이 빼어나게 아름답고, 강물을 이용한 수상교통이 발달해 국가 재정의 중심인 조세를 거두기에 편리했다. 또 한양을 둘러싼 지세가 방어에 유리한 군사적 요새인 데다가 옛 백제의 500년 도읍지였다는 점 등이 고려의 수도 개경보다 도읍지로서의 매력을 한결 돋보이게 했다.

태조는 즉위한지 한 달도 안 된 8월 13일 도평의사사에 한양으로 천도할 것을 명하고, 15일에는 삼사우복야 이염을 한양으로 보내 궁궐을 수리하도록 하는 등 천도에 강한 의지를 보였다. 그러나 수도를 옮기는 일은 생각만큼 쉽지 않았다. 신하들마다 각자 다른 주장을

정도전 표준영정(문헌사)

종묘 정전

하면서 의견 대립이 팽팽하게 이어졌다. 시중 배극렴과 조준 등이 시설 미비와 백성의 안위를 이유로 천도를 늦출 것을 청하면서 천도 계획은 2년이나 지연됐다.

　더 이상 기다릴 수 없었던 태조는 1394년 새로운 도읍지로 한양을 확정하고, 그해 9월 1일 새로운 궁궐 건설을 위한 신도궁궐조성도 감新都宮闕造成都監을 설치했다. 신도궁궐조성도감은 수도가 갖춰야 할 궁궐·종묘·사직의 위치, 관아 건물의 배치, 도성 건축, 도로 건설, 주민들이 살 공간 확보 등 도시계획시설을 위한 기구다.

　여기서 우리는 태조 이성계가 얼마나 빨리 수도를 옮기고 싶어 했는지를 짐작할 수 있다. 일반적이라면 궁궐 건물이 지어지고 수도로서의 면모를 갖추고 난 이후에 왕이 옮겨가는 것이 상식이다. 하지

사직단 전경

만 태조는 이를 참지 못하고 도읍지가 결정된 이후 곧바로 거처를 옮겼다. 아마도 최고 통치자가 건설 현장에 와 있으면 실제 공사가 빨리 이뤄질 것이라는 점을 노렸을 것이고, 또 고려의 수도 개경을 하루빨리 떠나고자 했던 그의 마음도 읽을 수 있는 대목이다.

　태조는 신도궁궐조성도감을 설치한 지 두 달도 안 된 10월 25일 한양 천도를 단행했다. 개경의 각 관청에 관원 두 사람씩만 남기고 10월 28일 새로운 수도에 모두 데리고 왔다.

　한양에는 새 도읍지 시설이 갖춰지지 않았으므로 태조 일행은 고려 때 한양부 객사를 임시 왕궁으로 정하고, 관리들은 민가에 자리 잡았다. 태조는 먼저 종묘와 사직단의 터를 살피고, 공작국工作局을 설치했다. 11월 3일에는 궁궐 공사의 기공식을 열었다. 이어서 하늘과 땅

한양도성

의 신에게 제사를 올려 새 도읍 건설을 시작한다는 사실을 알리고, 산신山神과 수신水神에게도 종묘와 궁궐의 축조, 민생과 왕실의 안녕을 비는 제사를 올렸다.

　1395년 6월 6일에는 한양부를 고쳐 한성부라 하고, 같은 달 13일에는 성석린成石璘을 판한성부사에 임명했다. 조선왕조 초대 서울시장인 셈이다. 이어 궁궐과 종묘·사직단이 천도 후 1년만인 1395년 9월

29일에 준공됐으며, 같은 해 윤9월 13일에는 도성조축도감^{都城造築都監}을 설치해 한양도성을 쌓기 시작했다. 그리고 10월 5일 종묘에 나아가 태조 이성계의 4대조 신위^{神位}를 봉안하고, 12월 28일 경복궁 궁궐로 들어갔다.

결국 태조는 개경에서 한양으로 천도하고 나서 1년여가 지나서야 비로소 궁궐에 들어갈 수 있었다. 이후 새 도읍지에 필요한 나머지 시설들을 단계적으로 건설하면서 수도로서의 위상을 갖춰 나갔다.

그러나 태조의 한양 천도는 왕자의 난으로 3년 만에 물거품이 됐다. 1398년 태조의 다섯째 아들 이방원이 '제1차 왕자의 난'을 일으켰고, 태조의 둘째 아들 정종이 왕위에 오른 후 수도를 다시 개경으로 옮겼다. 그로부터 2년 뒤인 1400년 '제2차 왕자의 난'이 일어났고, 정종은 왕위를 동생인 이방원에게 물려준 뒤 자신은 상왕으로 물러났다.

그런데 정종의 뒤를 이은 태종 이방원은 1405년에 다시 한양으로 환도했다. 태종은 "한성^{漢城}은 우리 태상왕이 창건한 땅이고, 사직과 종묘가 있으니 오래 비워 두고 거주하지 않으면 선조의 뜻을 계승하는 효도가 아닐까 한다. 명년 겨울에는 내가 마땅히 옮겨 거주할 터이니, 응당 궁실을 새로 수리하게 해야 할 것이다."라는 명분을 내걸고 한양 천도를 단행했다.

태종은 한양으로 환도하기 전에 창덕궁을 짓도록 한 뒤 몸소 현장에서 건설공사를 지휘하기도 했다. 그리고 1405년 10월 8일 개경을 떠나 11일 한성으로 들어갔고, 1주일 후 창덕궁이 완공되어 10월 20일에 궁으로 들어갔다. 이로써 경복궁과 창덕궁이 갖춰졌고, 한성을 중심으로 한 실질적인 조선왕조 500년 역사가 시작됐다.

피의 군주 vs. 악역 자처한 성군

태종이 폈던 시책이나 정치적 조치들은 어디까지나 왕권 강화에 초점이 맞춰져 있었다. 그는 자신의 즉위에 공이 컸던 공신들로 문신을 중용했지만, 문신들에게 정치의 실권까지 넘겨주려는 것은 아니었다.

그는 하륜河崙 등 유력 문신들이 장악하고 있던 의정부의 권한을 축소시켰고, 왕이 모든 것을 결정하도록 했다. 의정부는 명나라와의 외교문서나 죄가 중한 죄수에 대한 재심만을 관장하도록 했다. 아울러 태종은 정치의 실무를 담당하는 6조의 판서에게 업무를 직접 왕에게 보고하도록 하는 6조 직계제를 시행해 의정부의 권한을 축소시키면서 상대적으로 왕권을 강화했다.

또한 그는 사간원을 독립시켜 대신들을 견제하도록 하고, 국가 경제에 해가 됐던 사원의 토지를 몰수해 전제 개혁을 마무리 지었다. 또한 공노비 중 억울한 자를 해방시키고, 지방 호족을 압박해 군역을 지도록 만들었다. 이상과 같은 여러 조치들을 통해 태종은 국왕 중심의 집권체제를 확립해 나갔다.

이외에도 태종은 왕권 강화를 위해 공신은 물론 외척까지 점차적으로 정계에서 숙청을 단행해 나갔다. 그는 18년 동안 재위하면서 네 차례에 걸쳐 왕위를 세자에 넘긴다는 뜻을 밝혔는데, 이러한 양위 선언을 통해 그의 재위에 반대하는 세력을 노출시켜 이들을 제거하기도 했고, 반대로 그의 재위를 찬성하는 사람들로 하여금 여론을 조성하도록 해 왕위의 정당성을 강조하기도 했다.

왕권을 강화시키고 신하들의 권력을 약화시키기 위한 매우 노련한 통치술을 발휘했던 태종은 처음에 세자로 삼았던 양녕대군을 행실

조선 전기 집현전으로 사용되었던 수정전

이 나쁘다 하여 세자에서 폐하고, 셋째 아들인 충녕대군을 새로 세자로 삼았다. 이어 18년에 충녕에게 왕위를 넘겨주고 자신은 상왕으로 물러나 인사권과 병권 등 주요 권한을 쥐었다. 세종 원년의 대마도 정벌도 실질적으로는 태종이 움직인 것이다.

한편 태종대 이후 문신들에 의해 중요 관직이 점유되고 계속 이들이 중용되었다는 사실은 조선왕조가 유학자들에 의해 체계화되고,

앞으로도 계속 유교적인 국가로 발전할 것임을 나타내주는 것이었다. 동시에 조선이라는 나라는 문관 중심의 사회를 지향할 것이라는 나라의 방향을 보여주는 것이기도 했다. 결국 조선왕조 통치 방향의 기본은 태종대에 이르러 확립된 것이라고 말할 수 있으며, 정치권력의 향방이나 국가 통치의 방향이 유학자 중심으로 나아갈 것임을 보여줬다.

태종의 뒤를 이은 세종(1418~1450년)은 집현전을 설치하고 우수한 학자들을 두어 중국의 옛 고전과 제도를 연구케 했다. 이 연구 성과를 토대로 국가의 정치체제를 더욱 확실하게 정비하려고 한 것이다. 이후 단종을 폐위시키고 왕위에 오른 세조는 국왕이 권한을 갖는 것을 영구히 하기 위한 방편으로 《경국대전經國大典》을 편찬하기 시작했다. 《경국대전》은 그 뒤에 여러 차례 수정을 거쳐 1485년(성종 16)에야 반포·시행됐다. 성문화된 《경국대전》을 계기로 조선왕조의 통치 구조와 관료 체계가 정비됐으며, 비로소 국가 운영의 큰 틀이 완성됐다.

2장

북촌과 남촌, 그리고 청계천 사람들

조선의 정치 일번지, 북촌

오늘날의 서울에 강남과 강북이 있다면, 조선시대의 서울에는 남촌과 북촌이 있었다. 그 경계는 대체로 청계천이었다. 북촌은 종로구 가회동 일대를 중심으로 경복궁과 창덕궁 사이의 지역이고, 남촌은 중구 필동을 중심으로 한 남산 북쪽기슭 일대다. 북촌에는 비교적 부유하고 권세 높은 양반 관료들이 모여 살았고, 남촌에는 '딸깍발이 샌님'으로 불리는 가난한 선비들과 서민들이 주로 모여 생활했다. 따라서 북촌은 양반문화가 중심을 이뤘고, 상대적으로 남촌은 서민문화가 중심을 이뤘다.

양반이란 고려시대와 조선시대의 관료집단인 문반文班과 무반武班을 합쳐서 부르는 말이다. 이들은 다양한 특권을 누리던 특권층이었다. 먼저 3품 이상의 관료 자제들에게는 과거를 거치지 않고 벼슬길에 나아갈 수 있는 문음門蔭의 특권이 주어졌다. 과거를 볼 때도 자격 조건 자체에서 일반 양인들과 양반은 서로 달랐다. 양인의 경우 과거 시험에 응시하고자 할 경우 한성부 5부 가운데 3부 관원의 추천을 받아야 해서 현실적으로 과거 응시 자체가 쉽지 않았다. 반면에 양반에

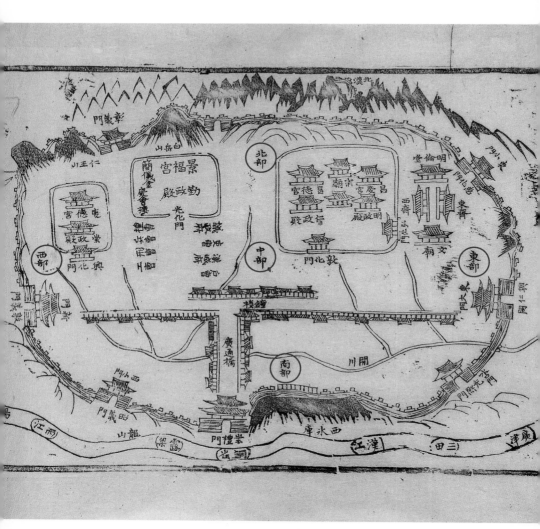

5부가 표시된 한양도

게는 이런 제약이 없었다.

또 일반 백성들이 위험한 변방에 나가 장기간 군역의 의무를 지는 것과 달리, 양반의 자제들은 직업군인이 되어 왕궁이나 도성을 수비하는 군영에 배속됐고 서울에서 근무할 수 있는 혜택도 누렸다. 이런 기득권과 특권을 바탕으로 서울 북촌의 양반들은 정치권력을 장악하고 경제력을 확대하는 것은 물론 풍족한 문화생활까지 누렸다.

북촌에 거주하는 양반들 중에는 지방 출신도 적지 않았다. 이들은 강원·충청·경기 등지에서 운송해온 나무로 집을 짓고 지붕에는 기와를 얹었다. 또 안채와 사랑채를 별도의 공간으로 구분해 남녀가 각자의 공간에서 생활하도록 꾸몄다. 고향에 있는 토지에는 일부 노비들을 내려 보내 경작하게 했다.

북촌과 달리 남촌에는 주로 서민들과 일부 몰락한 양반들이 살았다. 그렇다고 부유한 양반이 전혀 없었던 것은 아니고, 다만 북촌에 비해 상대적으로 그 수가 적었다. 남촌에 사는 주민은 도성이라는 특성상 농민보다는 관청의 하급관리나 잡역부, 상점 점원, 과거시험에 낙방한 지방 유생, 경제적으로 몰락하거나 권력에서 밀려난 양반층이 주류를 이뤘다. 한편 일부 권세 있는 양반들은 남산 계곡 일대에 정자를 지어놓고 풍류를 즐기며 생활하기도 했다. 이렇듯 청계천 이남의 남촌에는 다양한 직업군을 가진 사람들이 다채롭게 모여 살았고, 이들의 경제적 사정 또한 천차만별이었다.

북촌과 남촌은 정치적 성향에서도 서로 판이하게 달라 오늘날의 서울과 비견된다. 조선 말기의 유학자인 황현黃玹은 그의 문집 《매천야록梅泉野錄》에서 '서울의 대로大路인 종각 이북을 북촌이라고 하는데 이곳에는 노론들이 살았다. 그 남쪽은 남촌이라 하는데 소론 이하 삼

황현의 매천집

색당三色黨이 살았다.'고 기록하고 있다. 북촌에는 조선 후기에 권력을
장악하고 있던 노론계열의 인물들이 주로 거주하면서 정권을 주도했
고, 남촌에는 정권에서 밀려난 소론·남인·북인 등이 뒤섞여 살고 있었
던 것이다.

　　조선 후기에 이조판서를 지내고 청직淸職에 발탁된 남인 최우형崔
遇亨은 남촌에 살았다. 그는 수레를 타고 북촌에 있는 궁궐로 출근할
때마다 부채로 코를 가리면서 '노론의 냄새가 어찌 이리 고약한가?'
하고 당시 노론의 정치적 전횡을 비판하곤 했다.

　　일제강점기에는 남촌과 북촌의 처지가 바뀌었다. 남촌 일대는 일
본인 집단거류지가 들어서면서 번화가가 됐고, 북촌 일대는 한옥만
남은 채 을씨년스런 모습으로 정치1번지에서 밀려났다. 해방 이후에
는 종로 일대가 다시 정치1번지가 됐다.

청계천 장악한 전문직 중인들

중인은 양반과 상민常民 사이의 중간 계급에 속하는 사람들이다. 조선 시대의 중인은 중앙과 지방의 기술관료, 서얼, 중앙의 서리와 지방의 향리, 토관土官, 군교, 교생 등 다양한 계층을 망라했다. 오늘날의 관점에서 보자면 매우 전문적인 직업에 종사하던 사람들이다. 하지만 당시에는 양반들로부터 극심한 차별을 받았다. 그래도 상민보다는 대우가 나았기에 중인들은 자신들의 사회적 지위를 지키기 위해 직업을 세습하면서 일반 상민들과 구별되도록 했다. 이로 인해 조선 중기 이후에는 자연스럽게 양반·중인·상민·천인의 네 계급이 나타났다.

서울에 살던 중인들로는 중앙관청의 기술 관료인 역관·의관·지관·천문관·산관·화원·율관律官을 비롯해 서리들과 서얼들이 있었다. 이들은 서울 4대문 안에서도 주로 청계천 일대를 중심으로 집단 거주하고 있어 광교 일대를 흔히 중인촌이라 부르기도 했다. 청계천 일대는 중앙관서와 가깝기 때문에 하급 관리들이 출퇴근을 하기에 편리했다.

역관은 오늘날의 동시통역사고, 의관은 의사이며, 지관은 풍수지리와 지리학에 능통한 사람이다. 천문관은 별자리를 관찰하는 사람이고, 산관은 수학자이며, 화원은 그림을 그리는 사람이고, 서얼은 양반의 천인 첩 자손을 말한다. 대부분 전문 직종에 종사했으나 서얼만은 예외였다. 이들은 각기 시험 과목이 다르지만 모두 과거시험 가운데 잡과雜科를 통해서 관리로 선발됐다.

중인들 가운데서도 외국에 다닐 수 있는 역관이나 병자를 고치는 의관은 다른 관리들보다 사회적 대우가 조금 나았다. 사역원에 소속

오늘날 청계천 모습

된 역관은 중국이나 일본에 가는 사신단과 동행해 국제 무역을 통해
많은 부를 축적할 수 있었고, 내의원이나 혜민서 등에 소속된 의관
들은 왕족이나 양반들의 병을 치료할 경우 일정한 부와 명성이 뒤
따랐다. 그러나 병을 고치지 못할 경우에는 목숨을 잃는 위험도 감
내해야 했다.

　　중인 중에는 서얼이라는 특별한 계층도 있었다. 양반의 자식으로
태어났으되 진정한 양반이 아닌 사람들이다. 고려시대에는 서얼에 대
한 차별이 별로 없었으나 조선시대에는 성리학이 지도이념으로 자리
를 잡으면서 이들에 대한 차별이 강화되기 시작했다. 《경국대전》에
따르면 이들 서얼은 문과나 무과, 생원이나 진사시에 응시할 수 없었
다. 사람들에게 얼치기 양반으로 대접받으면서 하는 수없이 기술직에

종사하게 됐고, 자연스럽게 중인에 포함됐다.

조선시대의 중인들은 주로 행정실무에 종사했기 때문에 이들의
언행은 세련되고 생활은 깔끔했으며 대인관계에 밝았다. 생활양식뿐
만 아니라 그들이 쓰는 문서양식도 따로 있었으며, 시문까지도 독특
해 중인문화라고 할 만한 생활규범을 갖추고 있었다.

조선 최고의 상권, 종로와 시전상인

조선시대의 종로鐘路는 도성의 동쪽과 서쪽을 연결하는 메인 스트리
트이자 상업의 최고 중심지였다. 이는 조선이 한양에 도읍을 정할 당
시부터 미리 계획한 것으로, 정부에서는 종로에 상가건물을 지어주고

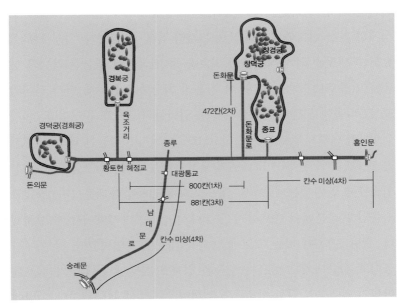

시전 행랑의 위치와 규모

상인들은 여기에 입주해 장사했다. 당시에는 이를 시전^{市廛}이라 불렀으며, 시전에 입점한 상인들은 독점적인 특혜를 누렸다. 국가는 이들로부터 막대한 세금을 거두어 국가 재정을 크게 확충할 수 있었다.

조선시대의 시전이 가지는 주요한 기능은 도내 주민들의 일상 생활용품 공급과 정부에서 필요로 하는 수요품의 조달 등이었다. 그밖에 정부가 백성들로부터 받은 공물 중 사용하고 남은 것이나, 중국에서 사신이 가지고 오는 물건 중 일부를 불하받아 시민들에게 판매하는 일도 겸했다.

종로 북쪽은 궁궐과 관아가 집중적으로 배치되어 있어서 상품의 생산과는 동떨어졌고, 오히려 각종 물품을 소비하는 지역이었다. 또 인구도 도성에서 가장 많이 밀집되어 있어서 종로는 서울에서도 최적의 상업적 입지를 갖춘 곳이었다. 이로써 종로 일대는 자연스럽게 도성에서 가장 번화한 소비시장으로 자리 잡을 수 있었다. 의식주에 소요되는 생필품 외에 사치품과 기호품 등 전국에서 생산된 최고의 상품들이 종로로 모여들었다. 이 가운데 최상품은 궁궐에 먼저 진상되고, 그 다음에는 관아와 고관대작 등 양반들의 집으로 들어갔다.

이런 형태의 종로를 계획하고 크게 발전시킨 임금은 태종이다. 그는 1412년^(태종 12)부터 1414년까지 3년에 걸쳐 상설점포를 설치해 상인들에게 분양했는데, 이때 점포는 혜정교에서 동대문까지, 창덕궁 정문인 돈화문에서 종로까지, 종루에서 남대문까지의 구간에 설치됐다. 행랑 2,000여 칸을 짓고 분양하는 대규모 사업이었다. 일부는 관공서로 사용되기도 했으나 주축은 점포로 분양됐다. 정부가 점포를 만들기 전에는 다양한 상품들이 뒤섞여 어지럽게 판매됐지만, 행랑이 건설된 후에는 질서가 잡히고 정해진 지역에서 특정한 상품이 거래되

면서 상거래가 안정을 찾았다.

가장 상권이 발달한 시전에서도 가장 중심을 이룬 점포는 소위 육의전六矣廛이었다. 비단·무명·명주·종이·모시·어물을 판매하는 6종의 상점을 육의전이라 불렀다. 그 밖에도 미곡전, 철물전, 모자전, 잡물전 등 다양한 물품을 판매하는 시전이 줄지어 있었다. 여기서 장사하는 상인들을 이른바 시전상인市廛商人이라 불렀다.

시전 상인들은 같은 상품을 판매하는 사람들끼리 모여 일정한 동업자 조합을 이뤄 자신들의 상권을 보호했다. 각 조합에는 대행수大行首·도영위都領位·부영위副領位·차지영위次知領位와 실무직원인 실임實任·의임矣任·서기書記 등의 임원이 있었다. 조합원의 자격과 가입 조건은 매우 엄격했고, 특히 혈연관계를 중요시했다.

약 300여 년간 시전상인들에 의해 조선 경제가 움직일 정도로 이

시전 잡화점의 모습

들은 막강한 영향력을 행사했다. 시전상인들은 정부의 비호를 받으며 국가에 납품하는 모든 물품의 조달을 책임졌다. 특히 특정 품목에 대한 전매권을 가지고 있었는데 이를 금난전권禁亂廛權이라 불렀다. 예를 들어 도성 안에서 생선이나 젓갈 등은 어물전을 통해서만 판매할 수 있었으며, 다른 상인들은 판매할 수 없도록 했다.

이와 같은 일종의 전매특권은 재정의 궁핍을 느끼게 된 조정과, 점차 늘어나는 사상인인 난전 상인들로부터 자신들의 상권을 지키기 위해 조정의 권력을 이용하려는 시전 상인들의 요구가 서로 부합하면서 비롯된 것이었다.

독점권을 가진 시전상인들은 또한 정부의 보호를 받으며 안정된 장사를 통해 막대한 이익을 얻는 대신, 이익의 일정한 양을 세금으로 국가에 납부해야 했다. 성종 때 반포된 《경국대전》의 규정에 따르면 시전 행랑 1칸을 사용하는 대가로 1년에 저화 40장을 납부하도록 했다. 대다수의 시전상인은 여러 개의 행랑을 가지고 장사를 했으므로 그만큼 국가에 내는 세금도 많았다.

하지만 세금보다 더 큰 부담은 일종의 정치자금 납부였다. 시전상인들은 상품의 독점판매권을 얻기 위해 정기적으로 또는 수시로 고관들에게 뇌물을 상납해야 했고, 이러한 검은 돈은 대부분 정치자금으로 활용됐다.

원래 금난전권은 육의전에 대해서만 부여했으나, 나중에는 일반 시전에까지 확대되어 자유로운 상공업의 발전을 저해했다. 그러나 18세기 후반기에 들어 민간 상공업의 발전으로 통공발매정책이 시행됨에 따라 시전의 특권은 붕괴되기 시작했다.

그러나 18세기 후반에 이르러 이와 같은 금난전권은 차츰 동요하게 된다. 서울 도내都內의 호노豪奴, 지방 도시의 부상배富商輩, 각 영문營門 소속의 군병들에 의한 도내 상공업 활동이 상권을 위협하기에 이른 것이다. 한 예로 1781년 11월 훈련도감 내의 군인들이 양휘항凉揮項이라는 방한구防寒具를 만들어 육의전 내의 입전立廛을 통하지 않고 자체 점포에서 판매해 육의전의 피해가 막심하다는 제소가 있었고, 이를 두고

육의전 표석

중신들이 어전회의에서 논의를 거듭한 일이 있었다.

더욱이 서울 도내의 귀족 권세가와 부유층들이 차차 지방의 농촌 생산자와 결탁, 농촌의 수공업 생산품을 후한 가격으로 구입해 서울에서 산매散賣함으로써 육의전 상인들의 피해는 심해져만 갔다. 개항 이후부터는 많은 외국 상품들이 수입, 판매되어 육주비전의 타격은 더욱 심해졌다.

육의전은 청나라와 일본의 외래자본주의에 맞서 미약한 저항을 해보기도 했으나, 국역 부담과 봉건사회에서만 존립이 가능한 어용길드적 성격으로 그만 붕괴되고 말았다.

한강변의 신흥 장사꾼, 경강상인

조선 후기부터 서울의 경강 지역을 근거로 대동미 운수업과 각종 상업 활동에 종사했던 상인들이 등장했다. 이들을 경강상인, 약칭해 강상江商이라고도 한다. 경강은 과거 서울 뚝섬에서 양화나루에 이르는 한강 일대를 이르던 말이다.

경강의 연변에는 전국의 주요 산물이 조운을 통해 운반, 집적됐다. 따라서 이곳은 15세기 초부터 많은 상인이 집결해 하나의 경제권역을 형성했고, 경강상인의 활동무대였다. 그들의 주요 상행위는 정부의 세곡과 양반층 소작료의 임운賃運이었다. 그러한 활동은 조선 전기에도 있었지만, 활기를 띠기 시작한 것은 대체로 17세기 이후부터였다.

그 무렵 운행되던 경강선京江船의 수와 규모에 대해서는 정확하게 알 수 없다. 다만《승정원일기》에 보면 1702년(숙종 28)에 200~1,000여

석까지 실을 수 있는 배가 300여 척이나 되었다고 한다. 또한 그들이 1년에 받는 배의 가격은 대략 1만여 석 정도였으며, 그것은 서울의 곡물 공급에 주요한 위치를 차지하고 있었다. 그러한 점들을 고려해본다면 곡물 운반에 있어 경강상인이 차지하고 있던 비중과 그들이 가진 자본의 규모가 어느 정도였는지 짐작할 수 있다.

경강상인의 치부 수단에는 정당한 선임船賃(배의 운임)도 있었지만, 그에 못지않게 곡물 운반 과정에서 자행되는 여러 가지 부정도 있었다. 대표적인 예로 운반곡에 일정량의 물을 타서 곡물을 불려 그만한 양을 횡령하는 이른바 '화수和水'라는 것이 있었다. 또 운반곡의 일부 또는 전부를 착복하는 '투식偸食'이라든가, 선박을 고의로 침몰시키는 '고패故敗' 등도 그들에 의해 자주 행해지던 부정행위였다. 그와 같은 각종 부정행위는 결국 정부의 조세 수입을 감소시키는 결과를 낳았다.

그러자 조정에서는 세곡 운반 방법의 개선책을 여러모로 강구하게 됐고, 조운 제도의 재검토가 논의돼 일부는 실시되기도 했다. 1789년(정조 13)의 주교사舟橋司 설치는 그러한 시책의 하나로 볼 수 있다. 그럼에도 경강상인들이 세곡 운반의 이권을 계속 차지할 수 있었던 요인은 무엇이었을까.

첫째, 정부에서 세곡 운반권을 일방적으로 박탈할 수 없을 만큼 이미 상인으로서의 위치와 중앙정부와의 관계가 확고했다는 점이다. 둘째, 경강상인들이 세곡 운반을 폐업할 경우 서울에 거주하는 지주들에게 소작료를 운반할 길이 끊어진다는 점이다.

그밖에도 조정에서 직접 조운 제도를 실시할 경우 조운선을 확보하기 어려웠다는 점도 지적될 수 있다. 경강상인들은 17, 18세기 무렵에 이르러 삼남 지방의 세곡 및 양반 계층의 소작료 운반의 대부분을

미곡점

청부했고, 실질적으로 대규모 운수업자의 위치를 차지하게 됐다.

또한 자본 축적 수단으로 서울을 배경으로 하는 각종 상업 활동을 들 수 있는데, 그들의 상업 활동 범위는 거의 전국적이었다. 그들은 직접 선박을 이용해 지방의 생산지에 가서 상품을 구입하고 그것을 경강 연변으로 운반해 시전 상인에게 매도하거나 직접 수요자에게 판매하는 등의 매매 활동을 했다.

취급 상품으로는 곡물과 어염, 목재류, 얼음 등이 주상품이었으며, 특히 미곡은 그들의 주요 취급 물종이었다. 미곡으로 이익을 취하는 방법은 각 지방에서 운반해온 미곡을 경강에서 매점해 서울의 미가를 조종하는 형태가 대부분이었다.

즉, 서울 양곡의 주공급원인 강상곡江上穀을 매점해 미가를 앙등시

킨 뒤 매각하는가 하면, 한편으로는 지방에 흉년이 들어 품귀 상태가
되면 미리 비축해 두었던 강상미江上米 혹은 공가미貢價米 등을 지방으
로 운반, 판매해 이익을 얻기도 했다.

그러한 매매 형태는 많은 미곡을 장기간 매점할 수 있는 자금의
여유가 없거나 각 지방간 미가의 차이를 광범위하고 신속하게 파악하
지 못하면 기대하기 어려운 것이었다. 따라서 당시 그들의 자금 규모
라든가 상업망의 확대 정도를 짐작할 수 있다.

그러나 그러한 미곡 매점은 마침내 수요자 층의 반발을 불러일으
켰고, 그 반발은 점점 커졌다. 1833년(순조 33) 서울에서 일어난 대규모
의 '쌀 소동'이 대표적인 사례. 서울 시내의 곡물전들 중 피해를 입
지 않은 곳이 거의 없을 정도였다.

조정에서는 각 영의 교졸들을 보냈으나 진압하기 어려워 좌우포
청의 교졸들까지 동원해 주동자 여부를 가릴 것 없이 당일 안으로 효
수시킨 기록으로 미루어보아, 그들의 작폐는 대단히 컸던 것으로 보
인다. 후에 이 '쌀 소동'의 직접적 계기가 미곡의 매점에 있었고, 미전
인米廛人과 경강상인의 결탁에 의한 것이었음이 드러났다.

그러한 현상은 당시 상업계의 일면을 보여주는 동시에, 도고상업
都賈商業이 심화되어가던 모습을 잘 나타내주는 것이다. 또한 그와 같은
도고 행위를 가능케 하고 뒷받침해 줄 수 있을 만큼 상업 자본이 커졌
음도 알 수 있다. 아울러 도고 상업에 반발하는 반도고 운동이 전개되
고 있었음을 보여주는 예라고도 할 것이다.

경강상인은 활동의 근거가 선박을 이용한 운수업에 있었으므로
선박의 확보와 제조는 대단히 중요한 사항이었다. 그들이 선박을 보
유하는 방법에는 구입하는 경우와 직접 건조하는 경우가 있었다. 구

조운선

입하는 경우는 주로 사용 기한이 경과한 퇴병선退兵船을 사들여 개조해 사용하거나, 혹은 지방에서 건조한 선박을 직접 사들이는 경우가 있었다. 직접 건조하는 경우는 목재 상인들로부터, 혹은 직접 선재船材를 구입해 선박을 건조했다.

경강 연안의 주요 교통수단인 진선津船의 개수와 새로 만드는 일을 경강의 선재도고인船材都賣人들이 담당했고, 조정에서 필요로 하는 선박까지도 경강인들이 건조해 조달했던 점을 본다면, 그들에 의한 조선 사업이 활발하게 전개됐음을 알 수 있다. 그것은 경강인들이 발달된 조선술과 축적된 자본을 바탕으로 조선업 분야에 진출하기 시작한 모습을 보여주는 것이라 하겠다. 그리고 이러한 현상은 단순한 독점·매점 상업에서 한발 나아가 자본을 재투자해나가고 있었음을 나타내는 것이라고도 할 수 있다.

틈새 전략으로 성공한 송파장과 누원점

송파장은 서울과 가까운 곳에 있으면서 충청·전라·경상도 지역으로 연결되는 요지에 자리 잡고 개설돼 대장시로 성장할 수 있었다. 송파장은 17세기 말엽 민진후가 수어사일 때 개설됐다.

처음 송파장이 있던 곳은 남한산성에서 멀지 않은 곳이었는데 18세기 중엽 송파로 옮겨갔다. 그런데 송파장은 거리상 도성에서 100리이내에 해당하기 때문에 금난전권의 영향이 미칠 수 있는 곳이었다. 특히 시전상인들의 이익을 중간에서 가로막고 있는 것으로 인식됐기 때문에 장시 개설에 어려움이 없지 않았다. 그럼에도 불구하고 송파장이 설치될 수 있었던 이유는 이곳이 군사적으로 중요한 곳이었기 때문이다.

수어사 민진후는 송파에 진보鎭堡와 여러 창고를 설치하고 군병을 배치해 유사시에 대비하게 했다. 그런데 군사시설인 진보가 제대로 유지되고 관리되기 위해서는 군병은 물론이고 주민들이 편히 거처할 수 있도록 조치해야 했다. 조정에서는 군사적으로 송파진을 유사시에 제대로 활용하기 위해 민인을 모으고 이들을 안정시키는 방안의 하나로 장시를 신설했다. 장시의 개설 유무가 지역 주민들의 생활에 필수적인 요소라는 것을 파악하고 있었던 것이다.

송파장은 지리적인 위치로 볼 때 서울의 시전과 대단히 밀접한 이해관계를 맺고 있었고, 이에 시전 상인들은 송파장을 폐지할 것을 호소했다. 그 이유는 송파장이 경기내에 있는 다른 장시들과 달리, 매월 6회씩 열리는 5일장이 아니라 매일 열리는 상설시장과 다를 바 없어 시전의 이익을 중간에서 빼앗고 있다고 여겼기 때문이다. 송파장을 그대로 둘 것인지 폐지할 것인지에 대한 문제가 조정에서도 논의될 정도였다.

이러한 사실은 송파장에서 거래되는 상품 유통량과 내용이 시전 상인에게 큰 영향을 주고 있었음을 보여주는 것이다. 송파장의 혁파 여부에 대한 대신들의 의견은 팽팽해 쉽게 결론이 나지 않았다. 조정에서는 경기에 장시가 개설되는 것을 크게 억압했다. 그 이유는 여러 관부에 공급되는 물품을 비롯해 각 시전에서 취급하는 상품이 자연스럽게 모여들도록 하기 위해서였다.

송파를 근거로 활동하고 있던 상인들은 서울의 중도아中都兒들이나 난전상인과 연결해 충청·경상·전라도를 비롯해 함경·평안도와 강원도 상인들을 모두 이곳에 모이도록 유인했다. 이러한 상황에서 명목상으로는 한 달에 6회 개시하는 5일장이었지만, 실제로는 각 시전에서 취급하는 물품을 쌓아 놓고 날마다 매매하고 있어 시전 상인이 이익을 잃고 있었다.

송파장을 근거지로 활동하고 있던 상인들은 처음에는 빈민·군졸·세도가의 노복들이었다. 그런데 이곳에서 이루어지는 거래 규모가 커지면서 양반들도 상업 활동에 참여했다. 이들은 풍부한 자금을 이용해 송파장에 여객을 차려놓고 상거래를 주도했다. 송파는 육로 교통의 요지였을 뿐만 아니라 포구로서도 매우 유리한 위치에 있었다. 따라서 송파장이 상설시장과 같은 모습으로 발전하면서 한강의 수로와 서해 연안 일대를 왕래하며 상품을 교역하던 선상들도 많이 모여들어 상거래가 더욱 활기를 띠었다.

송파장에는 각 지방의 다양한 상품이 집산됐다. 한강 상류를 왕래하는 상인들에 의해 강원·충청·경상도의 미곡·목재·석재·과일·약재·

도자기와 면포·마포·무명·비단 등의 직물류와 연초 등의 물품이 거래
됐다. 한양으로부터 강원·충청·경상도 각 지방으로 내려갈 고급 직물
류를 비롯한 각종 상품들도 집중됐다. 이외에 시전을 거치지 않고 함
경·평안·황해도 등의 물화도 교역되고 있었으므로 경강상인들과 시
전 상인들까지 모여들어 성황을 이뤘다.

한강 상류 여러 나루와 연결하며 상품거래를 주도하고 있던 상인
들은 송파장을 근거지로 활동하고 있는 사상인들이었다. 송파장의 지
리적 이점은 두모포나 뚝섬 등 다른 강안에 위치한 마을들보다 유리
한 점이 있었고, 광주군에 속해 있어 금난전권 밖에 위치한 것도 한
요인으로 작용했다.

양주의 누원점은 서울과 동북지방을 이어주는 중간에서 지리적

이점을 이용해 매우 큰 장시로 성장했다. 누원은 본래 서울 외곽에 위치해 원이 설치됐던 자그마한 마을에 지나지 않았다. 이곳은 한양에서 강원도나 함경도를 왕래하는 사람들이 이용하는 지역이었다. 그런데 18세기 이후 상품화폐경제가 발달하는 과정에서 서울로 동북지방의 상품을 공급하는 요충지로 부상되면서 크게 번창했다. 누원은 점차 상거래가 활발하게 전개되는 상업지역으로 탈바꿈했다.

누원점은 서울에서 함경도의 경흥 서수라로 가는 유통로상의 길목에 위치해 상품교역의 중심지로 부상했다. 더욱이 이 지역은 도성에서 비교적 멀리 떨어져 있어 시전 상인들의 영향권에서 벗어날 수 있어 사상인들의 자유로운 상거래가 가능했다. 사상인들은 초기에 자신들의 근거지를 칠패, 이현, 서소문 등지로 삼았는데, 이후 점차 영역을 서울 근교에 있는 누원을 비롯해 송파와 교하 등 교통의 요충지로 확대해 갔다. 누원점을 중심으로 활동하던 상인들은 한강 건너 광주의 송파장에 있는 상인들과도 긴밀히 연결하는 한편, 포천의 송우장과도 긴밀하게 연결했다.

양주의 누원점과 포천의 송우점은 조선 후기 동북지방에서 생산되는 북어의 수요가 증대되는 가운데 크게 성장했다. 함경도 원산에서 수합된 북어가 철령을 넘어 서울로 공급되는 요충지에 누원이 위치해 있었다. 이 때문에 많은 상인들이 누원을 거점으로 북어 등 동북지방의 생산물을 서울로 운송해 판매하면서 이익을 얻었다.

누원의 사상인들은 서울 근교의 미아리 삼거리에서 돈암동이나 종암동 두 갈래로 나뉘어 도성으로 들어갔다. 서울 시전 상인들의 간섭을 피하기 위해 동대문의 이현에서 활동하던 상인들과 접촉하거나 뚝섬 또는 송파지역의 상인과 연결하기도 하고, 한강을 경유해 용산

시장의 상인들(기산풍속도)

으로 연결하기도 했다. 누원점의 사상인들은 동북지방의 어물을 중간에서 매점해 서울의 어물전에 넘기지 않고 직접 행상인들에게 판매함으로써 많은 이익을 남겼다.

18세기 후반 이후 칠패의 중도아들은 누원지역을 새로운 어물유통 거점으로 삼아 동북지역의 어물상인들과 직접 연결하면서 서울에서 가장 큰 규모의 어물 도매시장으로 성장했다. 양주의 사상인들은 관북지방의 건어물을 주로 취급했지만 전국적 시장권에 편입되기도 했다. 누원 주변에는 마석우장·동두천장·신천장·송우장·차탄장 등이 있어 시장권을 이루고 있었다. 한편 이들은 멀리 철원 원산과 연결됐고, 가깝게는 송파·용산·뚝섬 등과도 연결됐다. 누원 지역이 상업 중심지로 발돋움하게 된 것은 시전의 특권적 상업 활동에 대항해 사상인들이 생산지에서 서울로 들어오는 상품을 매점하는 도고행위를 전개했기 때문이기도 하다.

3장

조선판 한양공단을 아시나요?

서울이 조선 최고 공업도시가 된 까닭

1970년대까지 공업입국工業立國의 기치가 한창이던 시절에는 서울에 여러 공단들이 조성되어 있었다. 동대문 인근의 청계천이나 구로의 공단이 대표적인 곳으로, 이들 공단은 한강의 기적을 선두에서 이끌었다. 하지만 오늘날의 서울은 더 이상 공업도시가 아니며 생산도시라고 말하기도 어렵다. 그 대신 각 지역과 지방마다 공업도시나 공단들이 세워져 국가 경제의 한 축을 지탱하고 있으며, 서울은 이제 지방 공단에서 생산되는 물자에 기대어 움직이고 있다. 그렇다면 조선시대의 서울은 어땠을까?

오늘날 서울이 아닌 여러 지방들에 공단이 분산되어 조성될 수 있었던 것은 편리한 교통이 뒷받침하기 때문이다. 하지만 조선시대에는 상황이 달랐다. 궁궐이며 모든 관아는 한양에 집중되어 있는 반면, 한양과 여타 지방들 사이의 물류에는 한계가 있었다. 사정이 이렇다 보니 한양에서 필요한 모든 물품, 곧 궁궐과 관아와 양반가에서 필요로 하는 모든 물품들이 한양 안에서 조달되어야 했다.

게다가 상공업의 발달이 미미했으므로 궁궐이나 관아에서 필요로 하는 물품 가운데 민간에서 쉽게 조달할 수 없는 물자들이 많았다. 이런 물건들은 나라에서 직접 생산을 담당하는 수밖에 없었고, 실제로 조선은 한양에 각종 공업 관련 기관들을 배치해 필요한 물건들을 생산하고 조달했다. 심지어 배와 수레를 비롯한 일종의 기간산업 시설까지 모두 서울에 설치됐고, 이로써 한양은 자연스럽게 조선시대 최고의 공업도시로 발돋움했다.

궁궐 가까운 종로, 조선의 명품을 빚다

공업과 관련된 관청이나 시설들은 한양 중에서도 특히 오늘날의 종로구와 중구 일대에 집중되어 있었다. 대표적으로 궁궐 안에 상의원尙衣院과 사옹원司饔院이 있었고, 지금의 세종문화회관 자리에는 당시의 공업 담당 부처인 공조工曹가 있었으며, 창의문 밖에는 조지서造紙署가 있었다.

궁궐 안에 설치된 상의원은 왕실의 의복을 만들었고, 때로는 궁중의 보물 등을 관리하기도 했다. 상의원에는 587명의 장인들이 소속되어 있었는데, 직군을 무려 68종으로 세분화해 각 장인마다 전담하는 일이 달랐다. 그만큼 전문화와 분업이 철저하게 이뤄졌다. 사람 머리에 쓰는 모자에서 신발에 이르기까지 물건마다 만드는 사람이 다를 뿐 아니라, 옷 한 벌에도 겉옷·속옷·외투·저고리·바지·치마 등의 제품을 담당하는 사람이 각기 달랐다. 기본구조를 재단하는 사람, 바느질만 하는 사람, 다림질만 하는 사람, 옷에 무늬를 놓는 사람 등이 각기 정해져 있었다. 오늘날의 관점에서 보자면 조선시대의 상공업 발달 수준은 매우 저급한 수준이지만, 몇몇 분야에서는 철저한 분업화와

도성 대지도에 표기된 조지서

전문화가 이뤄졌고, 그 결과 오늘날의 기술자들이 감히 흉내 낼 수 없는 최고의 제품들이 만들어질 수 있었다.

사옹원은 궁궐 안에서 음식 만드는 일과 음식 담는 그릇을 만드는 일을 담당했다. 당연히 최고의 음식을 만들고 최고의 그릇에 담아 내는 것이 이들의 임무였다. 이를 위해 사옹원에서는 경기도 광주에 그릇을 전문적으로 만드는 분원分院을 만들고, 이곳에 사기를 전문적으로 만드는 장인 350명을 파견해 왕실에서 필요한 그릇을 만들게 했다. 조선시대의 분청사기나 백자 같은 최고의 작품들이 대부분 광주 분원에서 만들어져 왕실이나 관아로 납품됐다. 이런 이유로 광주분원에서 만들어진 그릇은 오늘날에도 최고의 골동품으로 취급되고 있으며, 경기도 광주시는 이런 역사를 되살려 새로운 도자기 도시로 거듭나고 있는 중이다.

조선시대의 공업 담당 부처인 공조에서는 궁궐이나 도성을 새로 쌓는 업무 등 국가의 공공 건물을 신축하고 관리하는 일을 담당했다. 또 그 산하에 공야사 攻治司를 두어 왕실이나 관리들이 사용하는 각종 물품의 생산을 담당했다. 공야사에서는 초립이나 망건 등의 모자, 가죽신 등의 신발, 금·은·옥 등의 세공품, 궁궐에서 사용할 각종 가구 등을 주로 만들었으며, 역시 국

공조 터 표석

내 최고의 전문 장인들이 소속되어 있었다.

종이를 만들던 조지서는 창의문 밖 탕춘대에 있었다. 지금의 종로구 신영동 세검정초등학교 건너편이며, 여기에는 모두 91명의 장인들이 소속되어 있었다. 종이를 만들기 위해서는 먼저 닥나무를 가마에 찌고, 껍질을 벗겨 흑피를 만들고, 물에 불려 껍질을 제거해 백피를 만든 다음, 끓는 잿물에 표백해서 방망이로 섬유를 다듬질한다. 이어 다듬질한 원료를 녹조에 넣고 풀을 섞어 종이의 원료를 만든다. 마지막으로 원료를 대발 위에 일정한 분량으로 옮겨 종이를 뜨는데, 이것을 한 장씩 떼어낸 뒤 건조판에 붙여 말리면 종이가 완성된다. 당연히 각 공정마다 전문가가 별도로 있었고, 이러한 분업화와 전문화의 성과로 조지서에서는 당대 최고 품질의 종이가 생산됐다. 탕춘대 옆을

흐르는 홍제천의 맑은 물도 좋은 종이를 만드는 데 큰 역할을 했다.

　이외에 궁궐 안의 토목과 건축물을 담당하는 전문 기술자 346명이 소속된 선공감繕工監이 종로구 신문로 1가에 있었고, 왕이 외국 사신이나 국내 관리들에게 선물로 옷감을 내려줄 때 사용하기 위한 의복과 옷감의 염색 및 제조 등을 담당했던 제용감濟用監이 지금의 수송동 종로구청 자리에 있었다.

무기 제조와 활자 인쇄의 최강자, 중구

지금의 중구 지역에는 대표적인 관영 작업장인 군기시軍器寺·교서관校書館·주자소鑄字所·예빈시禮賓寺·장악원掌樂院 등이 있었다.

　군기시는 전쟁에 필요한 군사 무기인 창·칼·검·활·화살·화포·갑옷·군기 등을 만드는 곳이다. 644명의 전문 장인이 있었으며, 지금의 시청 및 서울신문사 자리가 그 터다. 서울시 신청사를 지으면서 발굴한 결과 군기시 건물터와 무기들이 수집됐다. 서울시는 이를 보존하고 시민들에게 알리기 위해 발굴 현장을 보존하고 역사문화의 교육 현장으로 활용하고 있다.

　조선시대 최초의 군기시 책임자로 임명된 사람은 고려 말에 왜구 소탕에서 공이 많았던 최무선崔茂宣 장군이다. 이후 그 아들 최해산崔海山이 계승해 82칸의 청사를 건립하고 본격적으로 무기를 제작했다. 이곳에서 만들어진 군사 무기를 바탕으로 조선은 유구한 역사를 지켜낼 수 있었으니 가히 의미 있는 역사 공간이라 하겠다.

　교서관은 서책의 출판을 담당하는 곳으로 일종의 국영 인쇄소다. 오늘날의 중구 예관동에 있었으며, 인쇄 기술 전문 장인 146명이 소속되어 있었다. 여기에서도 거대한 나무를 다듬어 놓는 사람, 다듬은 나무에 활자를 새기는 사람, 나무 활자를 이용해 구리를 녹여 글자 형태를 만드는 사람, 글자의 주형을 이용해 금속활자를 만드는 사람, 주조된 활자를 다듬어 최종적으로 완성시키는 사람, 활자를 골라 배열하는 사람, 동판 위에 올려놓고 조판하는 사람, 종이를 재단하는 사람, 인쇄하는 사람 등이 철저하게 분리됐다.

활자 주조에서 서책 인쇄에 이르기까지의 모든 과정이 전문화되고 분업화되어 유기적으로 진행됐다. 이를 통해 오늘날의 자동화되고 기계화된 기술로는 따라가기 어려운 최고 수준의 명품 서책들이 탄생할 수 있었다. 컬러 도판을 중심으로 하는 각종 의궤儀軌와 《조선왕조실록》 등이 이렇게 탄생했다.

조선이 남긴 최고의 기술 중에는 금속활자를 만드는 주자鑄字의 기술도 있는데, 이를 담당한 기관이 주자소다. 다양한 활자가 있어야 출판이 쉬웠기 때문에 조선은 여러 종류의 활자를 만들었는데, 태조 때의 계미자癸未字, 태종 때의 경자자庚子字, 세종 때의 갑인자甲寅字 등이 대표적이다. 이렇게 만들어진 활자가 큰 활자 19만 개, 작은 활자 14만여 개에 이르렀고, 이는 훗날 다양한 책자를 인쇄할 수 있는 기반이 됐다.

무武가 아니라 문文으로 세상을 다스리기를 꿈꿨던 조선은 활자 주조와 인쇄에 많은 투자와 노력을 기울였다. 주자소는 이러한 국가적 사업에서 가장 핵심적인 활자 주조 임무를 담당했다. 오늘날의 중구 주자동은 그곳에 주자소가 있었기 때문에 생긴 지명이며, 지금도 충무로 인쇄골목에서 수많은 인쇄소들이 성업을 이루고 있는 것도 이러한 역사와 무관치 않다.

군기시 터 발굴모습

이밖에 중구에는 외국에서 온 손님의 접대를 전담하던 예빈시가 있어 전문 요리사들이 배속돼 일했고, 음악에 관한 일을 맡아보던 관아인 장악원이 있어서 전문 장인들이 악기를 만들기도 했다.

서울의 성장과 민영 수공업으로의 전환

건국 초기 조선은 전국의 공장工匠을 경공장京工匠과 외공장外工匠으로 등록시키고 이들에 대해 일정한 부역의 의무를 부과함으로써 기술노동력을 확보했다. 당시 서울에 있던 경공장이 2,800여 명, 외공장이 3,500여 명이었다. 관영수공업 조직이 국가 권력을 바탕으로 전국의 가장 우수한 기술자들을 동원했다. 이는 중앙관부中央官府 중심으로 이뤄졌기 때문에 결과적으로 서울에 전국의 최우수 기술자들이 집결했고, 그 수에 있어서도 어느 도시의 기술자보다 월등하게 많았다.

국가의 관청에 소속되어 물품을 만들던 장인匠人들은 대부분 세종로와 신문로, 내자동 일대에 밀집돼 있었다. 예를 들면 제조업을 총괄하는 공조(세종문화회관, 260명), 옷을 만드는 상의원(궁 안, 587명), 화약과 무기를 만드는 군기시(시청), 토목과 건축을 담당하는 선공감(신문로, 346명), 의복의 염색과 직조를 담당하는 제용감(종로구청, 108명), 종이를 만드는 조지서(세검정, 91명), 대궐에 각종 양념을 대는 내자시(내자동, 42명) 등이 밀집해 있었다.

그러나 조선 중기 이후부터 관영수공업장에 종사하던 공장들이 이탈하기 시작했고, 수도 서울도 건국 초기의 작은 규모에서 점차 20만 이상의 인구가 수용되면서 경제규모가 확장돼 더 이상 관에 의한 수공업 제조만으로는 수요를 충당할 수 없게 됐다. 이로 인해 조선

갓방   대장간

후기에는 관영수공업 체제에서 민영수공업 체제로 정책적 전환을
단행할 수밖에 없는 상황이 됐다. 그 구체적인 사례로 와장瓦匠을 들
수 있다.

　　한강변에 있던 와서瓦署의 경우 조선 전기에는 40명의 장인이 소
속돼 서울의 관청건물을 짓는데 사용되는 기와를 만들었다. 그러나
효종 9년(1658)의 기록을 보면《경국대전》에 규정된 40명의 와장은 한
사람도 없고, 병조에서 사장私匠 몇 명을 고용해 그 명맥을 이어가고
있었다. 당시 서울에 있던 와장들은 스스로 와요瓦窯를 경영하거나 특
정인이 경영하는 민간와요에 고용돼 그곳에서 생활근거를 찾고 있
었다.

　　결국 대부분의 수공업이 민영체제로 전환되면서 국가에서는 고

용에 의해 수공업제품을 조달하거나 완성된 제품을 구입해 수요를 충
당하는 체제로 전환됐다. 나아가 민영수공업자들은 양질의 제품을 직
접 제조해 민간에 판매함으로써 경제적인 이익을 누릴 수 있었기 때
문에 많은 인력이 수공업에 종사하기도 했다. 그 결과 서울의 수공업
장이 조선 후기에는 청계천변으로 확대됐다. 이러한 수공업의 변화는
조선 후기 도고상업都賈商業의 발달과 시전상인의 몰락을 초래하는 원
인이 되기도 했다.

4장

동북아의 중심, 국제도시 한양

동북아 외교의 핵심무대로 우뚝 서다

개인이 사회를 떠나 홀로 살기 어려운 것처럼, 국가 역시 다른 나라와의 관계를 무시하고 홀로 장구한 역사를 지탱하기 어렵다. 쇄국이 응급조치는 될 수 있어도 올바른 처방이 될 수 없음은 조선 말기의 우리 역사가 너무나 잘 보여주고 있다. 그러나 조선이 본래부터 쇄국을 외교의 기본 노선으로 채택한 것은 결코 아니었다.

조선의 지배계층은 한반도가 동북아의 지리적 허브에 해당한다는 사실을 잘 알고 있었고, 이것이 곧 위기이자 기회라는 역설도 바르게 인식하고 있었다. 따라서 조선의 위정자들은 이웃나라들과의 외교와 선린, 혹은 대결과 경쟁에 대비해야 했고, 이를 위한 제도와 문물을 갖추기 위해 많은 노력을 기울였다. 그 결과 조선은 매우 치밀하고도 정교한 외교 관련 문물제도를 갖추게 됐고, 그 지리적 무대로서의 서울은 동북아의 핵심적인 외교 무대이자 국제도시로 발돋움했다.

오늘날 우리나라가 외교관계를 맺고 있는 나라는 전 세계 192개국 가운데 189개국에 이른다. 하지만 조선시대에는 동북아시아의 몇몇 나라들과만 외교관계를 맺고 있었다.

조선으로 들어 오는 청나라 사신 제1관문   의주로 들어온 사신행렬을 만난 백성들의 모습

통역관의 접대   홍제원에서 사신을 접반함

청나라 사신이 숭례문을 들어와 머뭄   편전에서 사신을 상견례하는 모습

조선과 외교관계를 맺은 나라들은 조선 전기와 후기가 조금 다른데, 우선 조선 전기에는 중국과 일본을 필두로 만주 지역의 여진족과 유구국(지금의 오키나와) 등이 중심을 이뤘다. 그러다가 조선 후기에 이르러 만주 지역에 청나라가 흥기하면서 여진족이 역사 무대에서 사라졌고 자연스럽게 조선의 외교 상대에서도 제외됐다. 미얀마를 비롯한 몇몇 남방 국가들과도 왕래가 있었으나 지리적으로 가까운 중국이나 일본과의 외교적 긴밀성에 비할 바는 아니었다.

　　이처럼 조선이 이웃의 여러 나라들과 외교 관계를 맺게 되면서 서울은 그야말로 동북아 지역 외교의 핵심 무대가 됐다. 특히 조선의 국왕이 바뀌는 등 큰 변화가 생길 때면 각국의 사신들이 일시에 서울로 몰려들어 활발한 외교전을 벌이곤 했다.

　　이렇게 몰려드는 각국의 외교사절들을 위해 서울에는 외교 공관이 생겨났는데, 어느 나라에서 온 사신인가에 따라 이들이 머무는 공관이 서로 달랐다. 먼저 중국 사신의 경우 태평관太平館과 모화관慕華館에 머물면서 임무를 수행했다. 일본, 유구, 버마 등의 남방 국가에서 온 사신은 동평관東平館에 머물렀고, 만주 지역의 여진족 등은 북평관北平館에 기거했다. 조선 전기 명나라 사신들이 주로 묵던 태평관은 지금의 중구 삼성생명 빌딩 뒤쪽 국민은행 서소문지점 자리에 있었고, 모화관은 서대문구 현저동에 있었다. 조선 전기에 일본 등의 사신이 묵던 동평관은 중구 인현동 2가 192번지에 있었으며, 조선 초기에 여진족 사신이 묵던 북평관은 종로구 종로6가 동대문 옆 낙산자락에 있었다.

일본은 조선 외교에서 찬밥 신세였다

일본의 대조선 외교는 대부분 대마도 도주鳥主들이 주도했다. 대마도
는 일본과 조선 사이에 있는 섬으로 그 환경이 매우 척박해 이곳 사람
들은 먹고 살기 위한 물품을 일본 내륙이나 바다 건너 조선에서 조달
해야만 했다. 조달 방법은 통상과 노략질이었다. 거리로 따지자면 일
본보다는 조선이 더 가까웠고, 이런 이유로 고려 말부터 조선 초까지
한반도의 해안지방은 대마도에 근거지를 둔 왜구에 극심하게 시달렸
다. 이런 대마도를 어떻게 다룰 것인가 하는 문제가 조선의 대일본 외
교 전략의 핵심적 위치를 차지하게 됐다.

세종 때는 이종무를 보내 대마도를 정벌한 후 대마도 도주에게
조선의 벼슬을 내렸다. 이후에는 통상을 허락해 노략질 대신 무역을
통해 물품을 조달할 수 있도록 했다. 통상이 공식적으로 허락된 조선
전기의 경우 일본 사신들은 대마도 도주를 앞세워 서울까지 직접 올
라와 왕을 알현했다.

하지만 이런 직접 외교와 통상 관계는 임진왜란 이후 제약을 받
았고, 일본의 사신들은 이제 더는 서울까지 직접 올라올 수 없게 됐다.
임진왜란 당시 일본군이 사신이 왕래했던 길을 따라 침략했기 때문이
다. 사행길이 침략의 루트가 됐던 것이다. 그 결과 임진왜란 이후 일
본 사신은 부산에 마련된 왜관倭館을 통해서만 업무를 수행해야 했다.

외국의 사신들은 육로와 해로를 통해 조선에 들어온 후 일정한
의식에 따라 접대를 받으면서 서울로 향했다. 명나라 사신은 의주로
를 따라 육로로 서울까지 와서 한양도성의 정문인 숭례문을 통해 도
성 안으로 들어왔다.

조선통신사 행렬도

　반면에 일본 사신은 부산에서 육로로 충주까지 와서 한강의 수로
를 이용해 배를 타고 서울 동호에 도착한 후 광희문을 통해 도성으로
들어왔다. 여진족은 관북로를 이용해 혜화문을 거쳐 도성으로 들어왔
다. 어느 국가의 사신인가에 따라 묵는 장소만 달랐던 것이 아니라 아
예 그 통행로와 드나드는 도성 문까지 달랐던 것이다. 숭례문은 한양
도성의 정문이고, 광희문과 혜화문은 도성에서도 작은 문이었다. 특히
광희문은 도성에서 죽은 시체가 나간다는 문으로 시구문이라 불렸다.
　각국 사신들을 접대하는 조선 조정의 예우 역시 국가별로 달랐
다. 예를 들어 중국 사신을 위한 공식 연회는 7회였던 데 비해 일본이
나 여진의 사신을 위한 공식 연회는 5회인 식이다. 연회를 베푸는 주
관자도 달라서 중국 사신의 경우 국왕이나 왕세자 또는 정승 반열이
직접 접대했다. 말하자면 국빈급 예우다. 일본 등은 그보다 한두 단계

낮아 오늘날 장관급에 해당하는 예조판서가 접대를 주관했다. 이런 차별을 둔 것은 중국의 위력을 의식한 것이기도 하지만, 실질적으로 동북아의 최강자인 중국과 더 긴밀한 관계를 유지할 수밖에 없는 현실적 이유가 작용한 때문이었다.

경제외교에 앞장선 조선의 외교관들

사신의 가장 중요한 책무는 본국에서 부여받은 외교 임무를 수행하는 것이다. 중국 사신의 경우 정치적으로는 격식에 맞춰 황제의 칙서를 무사히 전달하는 것이 가장 중요한 임무였다. 부수적으로 조선의 내정內政을 탐문해 보고하는 것도 큰 비중을 차지했다.

더불어 자국 경제에 도움을 줄 수 있는 무역에 관한 일도 중요한 임무 가운데 하나였다. 오늘날 국가 원수가 외국에 나갈 때 많은 기업

일본 사신의 인기를 끈 대장경을 보관한 해인사 대장경판전

인이 함께 출국해 경제외교를 펼치듯 조선시대에도 각국 사신들이 서울에 올 때는 상인들과 함께 왔다. 이들은 많은 상품을 가지고 들어와 조선 상인들과 거래했고, 사신들이 머무는 공관이 물품 거래 장소로 이용되기도 했다.

조선의 외교 담당 관료들은 이런 거래가 원활히 수행되도록 돕는 역할도 수행했다. 예컨대 1480년(성종 11)에는 정부에서 중국과 조선 상인들의 무역 거래를 용이하게 하기 위하여 거래 물목物目들을 적어서 태평관에 방을 붙이기도 했다. 이때 거래된 상품은 삼베·명주·여우가죽·담비가죽·원숭이가죽·후추·꿀·청동그릇·칼·인삼 등이었는데, 그중 가장 인기를 끈 상품은 단연 인삼이었다.

반면에 대규모 상품 거래가 허용되지 않았던 일본과 여진의 상인들은 동평관과 북평관에서 종종 밀무역을 시도했다. 이에 조선에서는 일본과 여진의 사신이 관소 밖에 출입하지 못하게 통제하고 철저히 감시하는 등 중국 사신과는 사뭇 다르게 대했다. 당시 일본 사신이 조선에 요구한 물건 가운데 가장 인기 있는 것은 대장경이었다. 일본 상인들은 조선의 대장경을 가지고 돌아가는 것을 큰 영광으로 알았다. 그 다음으로는 성리학 관련 서적들이 인기를 끌었다.

사신은 정치·경제적 목적 외에도 조선의 내정을 탐색하는 일, 조선의 인재를 만나보는 일, 조선의 각종 제도와 문물에 대한 정보를 입수하는 일 등 다양한 임무를 수행했다. 특히 중국 사신의 경우 종종 서울 인근을 유람하면서 조선의 지식인들과 만나 시문詩文을 주고받으며 정보를 수집하고 개인적인 외교 인맥도 만들어갔다.

조선 최고의 접대는 한강 유람선

명나라 사신이 서울 지역을 유람할 때는 미리 태평관의 관리인 관반館伴을 통해 행선지를 조선 측에 통지하는 것이 관례였다. 통지를 받은 조선 조정은 사신이 갈 곳에 먼저 관리들을 파견해 연회 개최 준비에 만전을 기했다. 나아가 단순한 음식접대 준비가 아니라 중국 사신들이 적극적으로 즐길 수 있는 활쏘기·씨름·사냥·시문 짓기 등을 세심하게 마련고, 전문적인 분야의 대화 등에 대비해 조선의 전문 인력을 연회 장소에 대기시키는 등 자존심을 건 외교전을 펼쳤다.

또한 자주 있는 사례는 아니지만 사신이 지방으로 나갈 경우에는 해당 지역에 관리와 공문을 보내 외교적 문제의 소지가 있는 국내의 행정문서를 노출시키지 말 것과, 누정의 현판이나 시문 등도 모두 철거하도록 지시했다. 심지어 민가의 담벼락에 붙어있는 종이도 글씨가 없는 것으로 교체하도록 했는데, 이는 해당 문구로 인해 양국 사이에 발생할 외교적 분쟁의 요소를 사전에 차단하고자 한 조치였다.

명나라 사신들이 서울에서 가장 가보고 싶어 하는 곳은 한강이었다. 그만큼 당시의 한강은 절경을 자랑했다. 그중에서도 용산구 한남동의 제천정, 천주교 성지인 합정동의 잠두봉, 한강 하류의 망원정이 인기가 높았다. 특히 용산의 제천정에서 마포의 망원정까지 물줄기를 따라 유람할 때는 왕의 전용 유람선인 정자선亭子船을 탔다. 누각을 올려 만든 이 배는 길이가 32m에 달하며, 60여 명 이상이 타고 연회를 열 수 있는 배였다. 금으로 새겨 넣은 '부금浮金'이란 현판이 걸린 화려한 배다.

이 배를 타고 한강에서 유람을 할 때는 낚시로 물고기를 잡아 조

망원정 전경

선의 왕에게 바치기도 하고, 선상에서 조선 관리들과 한강의 경치를
주제로 시문을 나누기도 했다. 조선 관리들과의 지속적인 시문 교환
은 조선 정부에 어떤 인재들이 있는가를 파악하기 위한 시도였다. 또
한강변 정자에 앉아 활쏘기와 군사들의 훈련을 감상하면서 조선의 군
사훈련 정도와 무예의 수준을 파악하기도 했다. 물론 이러한 예우는
중국 사신에게 국한된 것이었고, 일본이나 여진족 사신에게는 자유로
운 유람이 금지됐다.

　　이처럼 조선시대의 서울은 동북아시아 외교 무대의 중심이자 각
국 사신들이 빈번하게 왕래하는 국제도시로서의 면모를 보여줬다. 그
변모의 과정이 곧 우리나라의 역사이자 우리 외교사의 한 부분이다.

5장

서울의 역사와 함께 흐른 한강

한반도 가로지르는 생명의 물줄기

한강 유역은 우리의 조상들이 일찍부터 생활터전의 근거지로 삼아 정착했던 곳으로 그 역사가 매우 오래되고 의미가 깊은 곳이다. 나아가 우리 민족의 흥망성쇠와도 밀접하게 연관되어 있으며, 현대에 이르러 이른바 '한강의 기적'을 만들어낸 원동력이기도 하다.

대한민국 오랜 역사의 흐름과 궤를 같이하면서 흘러온 한강은 오늘도 국토의 중앙을 동쪽에서 서쪽으로 관통해 힘차게 흘러가고 있다. 조선시대 도읍지였던 한양의 중심부는 청계천이 서쪽에서 동쪽으로 흘러 동호에서 한강과 합류했으며, 오늘날 수도인 서울의 중심부는 한강이 동쪽에서 서쪽으로 흘러 서해 바다로 합류한다. 과거부터 변함없이 흐르고 있는 이들 두 개의 물줄기는 모두 수도 중심부를 관통한다는 공통점을 가지고 있으나 흐르는 방향은 서로 반대이므로 풍수지리에서 명당수로 손꼽는다.

한강은 강원도 태백시 금대산 북쪽계곡에서 발원한 남한강과 금강산에서 발원한 북한강이 각각 양수리에서 만나 팔당을 지나 용산 남쪽을 흘러 서해로 들어간다. 한강 본류의 길이는 497.5km이며 여

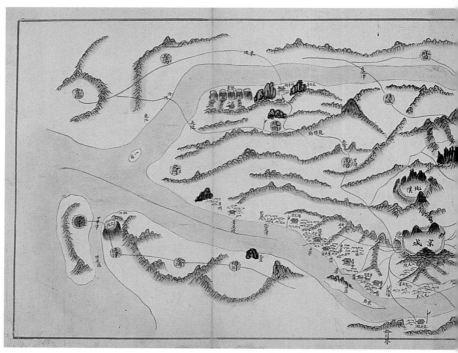

임진강과 한강이 함께 보이는 경강부임진도

러 개의 지류가 마치 나무모양을 띤 수지형으로 발달돼 그 유역이 26,018km²에 달한다. 오늘날 서울시계 안쪽을 관통해 흐르고 있는 물길은 한강 하류에 해당하며, 조선시대에는 이곳을 특별히 경강京江이라 불렀다.

한강의 중·하류는 비교적 물의 흐름이 완만해 물길의 변화와 모래·흙의 퇴적작용이 심해 강바닥이 높아지고 있다. 이 점은 이미 300년 전 이중환李重煥이 그의 저서 《택리지擇里志》에서 강원도 지방을 여행하고 난 후 "홍수가 나고, 산이 무너져 한강으로 흘러 들어와 한강

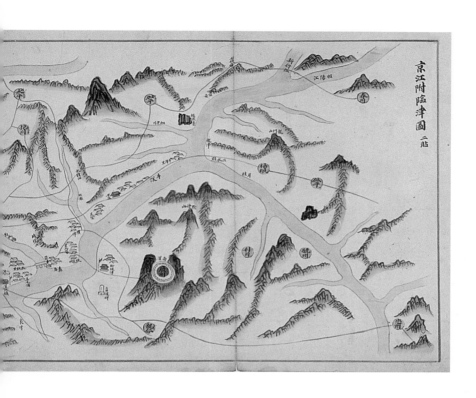

의 깊이가 점점 얕게 된다."고 지적한 바 있다. 한강을 따라 흘러 내려온 모래와 흙은 중·하류에 비옥한 평야와 자연적인 제방 및 하중도를 형성했다. 대표적인 예로서 한강 하류에 형성된 여의도와 난지도 같은 하중도와 한강과 임진강이 합류되는 하구 부근에 형성된 넓은 충적평야 등을 들 수 있다.

한강의 명칭도 다양하다. 삼국시대 초기에는 한반도의 중간 허리 부분을 띠처럼 두르고 있다는 의미에서 '대수帶水'라 불렸고, 고구려 광개토왕릉비에서는 '아리수阿利水'로 표기하고 있으며, 백제는 '욱리

암사동 선사주거지 전시관

하 '郁里河'라고 부르기도 했다. 또 신라는 한강의 상류를 '이하泥河', 하류를 '왕봉하王逢河'라고 불렀다.

　한편《삼국사기》신라편의 지리지에는 한강을 '한산하漢山河' 또는 '북독北瀆'이라고 표기하고 있다. 고려 때에는 큰 물줄기가 맑고 맑게 뻗어 내리는 긴 강이란 뜻으로 '열수洌水'라고 불렀으며, 모래가 많아 '사평도沙平渡' 또는 '사리진沙里津'이라고도 불렀다. 조선시대에는 '경강

京江'이라고 불렀으며, 그 이전에 백제가 동진東晉과 교통해 중국문화를 받아들이기 시작하면서 한강의 이름을 중국식으로 고쳐서 '한수漢水' 라고도 불렀다.

그 뒤부터 옛 이름은 차츰 사라지고 '한수' 또는 '한강'이라고만 불렀다. 아울러 한강은 본래 우리말의 '한가람'에서 비롯된 말로 '한' 은 '크다·넓다·길다'는 의미이며, '가람'은 강의 옛 이름으로 '크고 넓은 강'이란 뜻으로 사용됐다고 한다. 한강 물줄기도 지역에 따라 각기 다른 이름으로 불리기도 했다. 옥수동 앞에는 동호, 용산 앞에는 용산강, 마포 앞에는 서호 등으로 불린 것이 그 예이다.

한강 물은 일찍부터 사람들이 마시는 음용수로 중요한 역할을 했으며, 조선시대에는 겨울에 한강에서 얼음을 채취하여 동빙고와 서빙고에 저장해두었다가 여름에 왕실에서 사용하기도 했다. 오늘날은 먹는 물 이외에도 한강 상·중류에 댐을 건설해 발전용으로, 혹은 농업 관개용으로 이용하고, 하류인 서울 부근에서는 공업용수로 이용하고 있다. 그러나 산업의 발전과 궤를 같이해 수질이 악화됨에 따라 먹는 물로서의 활용도가 크게 떨어졌다. 이에 한강 상류지역은 수자원 보호를 위한 각종 규제가 이루어지고 있다.

역사적으로 한강은 인간과 물화의 교통로이자 내륙과 해안을 연결하는 수로水路로서 그 역할을 했다. 한강의 남북으로는 인간의 통행을 위한 나루가 번성했고, 나루 주위에는 상업도시가 형성돼 물화가 집중되기도 했다. 고대 고구려·백제·신라의 각축장이 된 곳도 바로 이곳 한강 유역이다.

가장 먼저 한강 중·하류의 양안에 하북·하남위례성을 지은 백제는 약 500여 년간이나 이 지역에 자리 잡고 국가체제를 정비했다. 이들 백제를 남쪽의 금강 유역으로 몰아낸 고구려는 만주와 한반도 대부분을 차지하는 거대한 왕국을 건설했다. 그리고 후에 백제와 연합 전선을 구축해 한강을 확보한 신라는 백제를 물리치고 한강유역을 차지해 중국과의 교통 교두보를 확보했다. 이러한 지리적인 유리함을 바탕으로 신라는 삼국의 통일을 달성할 수 있었다. 요컨대 한강 유역은 과거 삼국간의 쟁패지가 되었던 한반도의 요지였을 뿐만 아니라, 조선의 수도로서 자리 잡은 이후 서울이 조선의 정치·문화·경제의 중심지가 되는데 큰 몫을 했다. 또한 천호대교 위쪽인 강동구 암사동에서 신석기 시대 및 청동기 시대의 유물·유적이 많이 발견돼 일찍부터 한강 연안을 중심으로 인류가 생존해 왔음도 보여주고 있다.

남한강과 북한강의 만남, 두물머리

한강의 본류인 남한강과 북한강이 만나는 곳이 두물머리다. 두 개의 물이 만나는 곳이라 해서 붙여진 이름이고, 한자로는 마을 이름을 양수리兩水里라 불렀다. 또한 조선시대 고지도를 보면 병탄倂灘이라고 표기되어 있다. 남한강의 큰 여울이 북한강과 만난다는 의미에서 붙여진 지명이다.

한강의 두물머리 지역은 조선시대 경기 양근군 서종면에 속해 있었다. 북한강과 남한강이 합류하는 지점으로 풍부한 수량과 충적토지가 형성되어 일찍부터 비옥한 토지를 중심으로 강변 주위에 취락이 만들어지면서 사람이 살기 시작했다. 이 지역에 사는 사람들은 대부분 농업과 어업에 종사했을 것으로 추정된다. 풍부한 수량은 농사짓기에 좋을 뿐만 아니라 어족 자원이 풍부해 어업을 통한 생계유지에

두물머리

도 도움을 주기에 충분했다.

　조선이 건국된 이후 서종면 북한강가에 용진龍津이 있었다. 수종
사 절 입구에서 북한강을 건너는 지점에 위치해 있었던 이 나루는 서
울에서 양주를 거쳐 경기도 양평으로 이동하는 길목이었다. 일찍부터
나루가 형성되어 사람이 묵어갈 수 있는 시설들이 있었던 것으로 보
인다.

　조선시대《태종실록》이나《세종실록》의 기록에 의하면 태종과 세
종이 이 일대 강무장으로 사냥을 나왔다가 돌아가는 길에 용진에 묵
어 유숙했다는 기록을 통해서 알 수 있다. 당시에는 수량이 많을 경우
배를 이용해 강을 건넜지만 갈수기에는 걸어서 강을 건널 수 있을 정
도였다. 다만 남한강 줄기는 북한강 물줄기에 비해 수량이 많았던 것

으로 보인다. 병탄 윗부분에 큰 바위가 있어서 물 흐르는 소리가 매우 우렁차 멀리서도 들린다는 기록이나, 큰 바위가 물길을 가로막고 있어 수로를 통해 이동하는 배들이 침몰하거나 어려움을 겪기도 했다는 기록들을 통해서 추정할 수 있다.

1592년 임진왜란이 발생했을 때는 소서행장小西行長 군이 이 길을 통해 서울로 입성하기도 했다. 아무런 저항 없이 수도 한성을 점령한 일본군은 한강을 건너는 과정에서 여러 차례 주변을 탐지하면서 혹시 있을지도 모를 적의 매복에 대처하기도 했다. 선조는 의주에서 한성으로 환도한 이후 왜가 다시 북진할 것에 대비해 한강 유역을 효과적으로 방어하기 위한 대책을 마련했다.

임진왜란 때의 전쟁 과정을 기록한 유성룡의 징비록懲毖錄에 의하면, 선조는 1595년 용진에 경기 좌영을 두고 양평의 파사성을 중심으로 방어막을 형성해 왜의 북진에 대처했다. 그만큼 두물머리 일대가 군사전략상 요충지였음을 알려주는 것이다.

조선 초기 유학자 목은 이색의 문집에는 다음과 같은 시문이 전해지고 있다.

흐름 따라 내려올 땐 사공도 한가하더니만	順流而下棹夫閑
험한 곳 만나자 경각간에 놀라며 소리치네	遇險驚呼頃刻間
저녁에 모래톱 정박하니 바람 이슬 차가운데	晚泊沙洲風露冷
등불 하나 구름 산 비추며 어두웠다 밝아졌다	一燈明滅照雲山

이색은 남한강을 따라 배를 타고 내려오다가 큰 바위를 만나 물결이 세차게 일어나 배를 탄 사람들이 놀라는 장면을 시로 읊었고, 강변에

퍼져있는 모래사장과 인근의 띄엄띄엄 위치한 마을에서 새어나오는 불빛을 보며 한가로운 저녁의 풍경을 노래하고 있다. 이 시를 통해 당시 두물머리 일대 풍경의 일단을 살펴볼 수 있다.

한편 두물머리 건너편 남종면에는 국가의 사옹원에 소속된 번조소가 자리 잡고 있었다. 번조소는 조정에 올리는 그릇을 만들던 곳으로, 1752년에 설립한 이후 조선 후기 동안 자기를 만드는 곳으로 매우 번성했던 곳이다. 특히 양구에서 출토되는 백토白土를 북한강 줄기를 따라 운송해 남한강과 만나는 지점의 번조소에서 조선백자를 구워냈다. 이곳에서 생산된 그릇들은 왕실로 납품되어 사대부들의 큰 인기를 끌기도 했다.

이외에도 한강변에는 시인묵객들이 모여 풍류를 즐기던 정자들이 많아 다양한 시문들이 남아있고, 기호학파를 중심으로 한 실학자

정약용 묘

들이 수로를 따라 왕래하면서 학문을 토론하기도 했다. 두물머리는
조선 후기 실학자 정약용이 살았던 곳이기도 하고, 길을 지나는 사람
들이 그를 만나기 위해 들러 학문을 논하기도 했던 곳이다. 개항 이후
에는 이항로의 화서학파를 중심으로 의병운동이 일어났을 때 춘천에
기반을 둔 유인석 등의 의병군들과 수로 교통을 이용해 정보를 교환
하며 난국을 극복하고자 노력하기도 했던 곳이다. 이처럼 인적 자원
이 활발하게 움직이고 정보를 교환할 수 있었던 것은 두물머리의 공
간적 특성이자 지리적 이점 덕분이었다.

서울 발전의 동력, 한강의 어제와 오늘

선사시대의 한강

선사시대 우리 인류는 강과 산이 이어지는 구릉지대에 거주하면서
산에서는 동물과 열매 등의 식량을 얻고, 강에서는 어류를 잡아 생계
를 이어가다 농사를 통해 점차 정착생활을 하게 됐다. 한강 연안은 이
와 같은 자연조건을 모두 갖추고 있던 곳이었다. 북한강과 남한강 일
대에 퇴적층을 중심으로 농경사회가 발달하면서 인류의 정착이 이루
어졌음은 이미 여러 차례 발굴에서 확인된 바 있다. 서울시 강동구 암
사동 일대에서 발굴된 암사동선사주거지와 하남시 미사리 일대의 선
사유적, 강원도 춘천의 중도유적, 강원도 홍천의 하화계리 유적 등이
그 대표적인 예이다. 선사시대의 정착생활과 농경생활로의 발달은
이른바 신석기 혁명이라 할 만큼 인류의 생활에 큰 변화를 주기에
충분했다.

특히 암사동선사주거지는 기원전 6000년경의 유적지로 신석기 시대에 살았던 사람들의 생활양식과 삶의 방법 등을 살펴볼 수 있는데, 당시에 사용된 각종 토기와 짐승·물고기의 사냥도구 등이 대량으로 발굴됐다. 이 일대에는 당시 살았던 사람들의 움집이 그대로 재연되어 있어 그들의 생활양태를 눈으로 확인할 수 있으며, 각종 유물과 유적을 손쉽게 볼 수 있도록 전시실이 마련되어 있어 역사의 산 교육장으로 활용되고 있다.

　이곳에서 생활했던 우리 조상들은 환경에 적응하면서 정착생활을 하기 시작해 많은 잉여생산물을 획득했다. 먹을 것이 충분하기에 자연 인구도 늘어나기 시작했고, 문화의 발전을 이뤄 청동기 시대의 발달된 문화를 거쳐 한강 유역에서 고대국가가 형성되는 기반을 마련했다. 한강 유역의 청동기 문화는 한반도의 동북지방과 서북지방에서

복원된 암사동 수혈주거지

빗살무늬토기

출토되는 토기들이 공통적으로 나타나고 있듯이 문화의 혼합을 통한 독특한 청동기 문화를 형성했으며, 나아가 한반도 남부지방으로 문화를 전파시켜주는 중간 매개의 역할도 담당했다.

유적지 움집터에서 탄화된 쌀·보리·수수·기장이 출토된 것으로 미루어 한강 유역에서도 이미 농사가 일반화되었음을 보여주고 있다. 기원전 7세기~2, 3세기의 청동기 유적이 한강변에 산재하고 있는데, 아차산과 가락동 움집을 비롯해 북한강의 춘천 지역을 중심으로 한 고인돌군, 한강 하구의 강화도 고인돌군이 대표적이다. 뿐만 아니라 춘천 천전리 일대의 논농사 유구나 여주 흔암리 유적의 탄화된 쌀, 하남시 미사리 유적의 밭농사 유구 등은 농경 발달의 흔적을 보여주는 곳이기도 하다. 한강 유역에 고인돌 유적이 많다는 것은 이 지역에 일찍부터 계급사회가 성립되었음을 입증한다. 이러한 정치적 집단은 이후 백제 건국의 기반이 되고 있다.

고대·고려시대의 한강

한강 유역은 일찍이 마한의 세력권이었다. 이곳에 고구려의 온조와 비류가 정치적인 이유로 소서노와 함께 남하해 정착했다. 비류는 지금의 인천인 미추홀에, 온조는 한강 북쪽인 하북에 각각 정착했다가 기원전 18년 두 세력이 합치면서 하남위례성에 백제를 건국했다. 관련 유적으로는 풍납동토성, 몽촌토성, 석촌동고분군 등의 실물이 남아 전해지고 있다.

백제의 하남위례성은 서울시 송파구 풍납동토성과 몽촌토성 일대다. 그중에서도 왕이 궁궐을 짓고 살았던 중심지는 풍납동토성이다. 풍납동토성은 북쪽에 한강을 띠처럼 두르고 있고, 동쪽에는 높은 산이 있으며, 남쪽으로는 넓은 들판이 펼쳐져 있어 자연환경이 훌륭한 곳이었다. 한강을 북쪽에 두고 왕성을 쌓은 것은 북쪽의 고구려와 말갈로부터의 침략을 막기 위해서였다. 뒷날 공주 공산성이나 부여 사비성이 모두 북쪽에 강을 끼고 있는 사실이 이를 증명하고 있다. 풍납동토성에는 평소에 왕이 살았고 전쟁이 일어나면 산성 성격을 가지는 몽촌토성에 들어가 막았다.

풍납동토성은 올림픽대교와 천호대교 사이에 있는데 그 넓이만도 84만m² 달한다. 백제는 이곳에 왕궁과 왕실 조상을 모신 시조묘, 각종 관청, 지배층의 대저택, 그리고 시장과 주민들의 집을 건설했다. 왕궁에는 오락을 즐기기 위해 연못을 만들고 신기한 각종 화초를 심고 신기한 짐승을 길렀다. 풍납동토성 경당지구 발굴에서 종교적 성격이 강한 대규모 건물이 발굴됐다. 이 건물은 바닥에 목탄을 깔았고, 사방으로 도랑을 둘렀으며, 내부는 깨끗하게 청소된 '呂'자 모양 건물로서 역대 왕의 신주를 모신 신궁으로 생각된다. 이외에도 왕실이나 제사에 사용할 물건들을 보관하는 건물지들이 발굴됐다.

이 풍납동토성과 몽촌토성 일대에 살았던 백제인들은 죽은 뒤 성과 가까운 곳에 무덤을 만들었다. 신라의 경주나 백제의 공주와 부여 등지에서 도성 가까운 곳에 많은 무덤이 있는 것과 같은 현상이다. 그

풍납동토성 전경

실체가 송파구 석촌동과 방이동 일대에 남아있다. 이 일대는 백제 때 왕릉을 비롯한 많은 묘역이 있던 곳이다. 이 가운데 돌을 계단식으로 쌓아올린 적석총積石塚은 고구려 수도인 집안集安 것과 비슷하다. 일제 강점기까지만 해도 이 지역에는 적석총 23기와 흙을 둥글게 쌓아 올린 봉토분 66기가 있었지만 해방 이후 도시개발로 대부분 없어졌고, 지금은 10여 기만이 남아 역사를 증언하고 있다.

　백제는 기원전 18년 서울에 나라를 세워 발전하다가 475년에 고구려 장수왕의 공격을 받아 한성이 무너지면서 수도를 공주로 옮겼고, 538년에 다시 부여로 수도를 옮겼다. 그리고 660년에 신라와 당나라 연합군의 공격을 받아 멸망했으니 백제가 나라를 유지했던 기간은 모두 678년이 된다. 이중 493년간은 서울이 수도였고, 공주는 63년간, 그리고 부여는 122년간 백제의 수도로서 중심지 역할을 했다.

　삼국시대 한강 유역은 반도의 중앙부를 축으로 관류하는 큰 강인 만큼 한반도의 중심무대가 될 뿐만 아니라 군사·경제·사회·외교적으

몽촌토성 전경

로 지리적 이점을 확보하고 있어 일찍부터 고구려·백제·신라의 각축장이 됐다. 자연히 한강 유역을 점유한 국가는 영토 확장과 더불어 국가발전의 터전을 마련하게 됐다.

특히 신라 진흥왕이 한강 유역을 차지함으로 인해 당나라와 서해를 통해 교통할 수 있는 지리적 이점을 확보한 것은 매우 중요한 의미가 있다. 신라가 한강을 확보한 것은 고구려와 백제 및 일본으로 이어지는 수직적인 방어막 속에서 유일하게 외국과 통교할 수 있는 거점을 확보했다는 점에 그 의의가 있다. 이를 통해 결국 신라는 당나라 세력을 끌어들이는데 성공해 고구려와 백제를 멸망시키고 삼국을 통일함으로써 한민족 문화공동체의 기반을 마련할 수 있었다. 이와 같이 한반도의 삼국통일에 한강이 차지하고 있었던 역할이 매우 컸다는 점은 한강의 역사적 의미를 되새기기에 충분하다. 결국 우리의 고대사 속에서 고구려·백제·신라가 한강 유역을 서로 지배하고자 했던 사실에서 한강의 지리적 중요성을 인식할 수 있다.

석촌동 고분군

  936년 후삼국을 통일한 고려는 문종 21년에 한강의 중요성을 인
식하고 이 일대를 남경으로 승격시켜 수도인 개경 및 서경과 함께 고
려의 3대 중심지로 만들었다. 한강의 물길을 지방의 생산물을 운송하
고 국가의 세금을 거두어들이는 등 교통로로 활용했다. 이후 고려 말
인 우왕 8년(1382) 9월 남경으로 한때 천도를 단행했다가 왜구가 한반
도 전역에서 기승을 부리고, 중국이 원나라에서 명나라로 교체되는
등 대내외적으로 불안이 고조되자 이듬해 2월에 개성으로 돌아왔다.
그 후 1390년 9월 다시 한 차례 한양 천도를 단행했다가 큰 비바람과
천둥 번개가 일어나고, 사람들과 가축이 얼어 죽었으며, 새로운 도읍
지에 큰 호랑이가 뛰어들어 사람을 물어가는 등 불길한 일이 자주 발
생하자 1391년 2월에 다시 개성으로 도읍을 옮겼다. 이후 한양으로의

북한산 진흥왕 순수비(이 비는 모형이다)

천도는 1394년 이성계에 의해 이뤄졌다.

조선시대의 한강

1392년 조선을 건국한 태조 이성계는 1394년 9월 25일(음력) 수도를
오늘날의 서울로 옮겼다. 당시 한양으로의 천도는 여러 가지 이유가
있다. 그중 가장 큰 이유는 새로운 왕조를 탄생시킨 이성계 자신에게
정치적 지지기반이 부족한 개경보다는 한양이 더 유리했을 것이란 점
이다. 나아가 새 술은 새로운 부대에 담는다고 하듯 신왕조의 수도를
고려가 멸망한 개경에 그대로 두고 싶지는 않았을 것이다. 이런 이유
로 당시에 유행하던 풍수지리설의 논리를 이용해 한양으로의 천도를
단행한 것이다. 이에 부수적으로 한양의 지리적 이점 역시 도읍을 정

하기에 충분한 조건이 됐다.

한강을 끼고 있는 한양의 인문지리적 위치는 지세가 훌륭하고, 군사적인 방위에 있어서 천연적인 요새일 뿐만 아니라, 한강을 이용해 바다와 내륙을 자유로이 왕래할 수 있는 교통의 중심지라는 이점을 갖고 있었다. 결과적으로 이성계가 한양에 도읍할 수 있었던 이유 가운데 하나로서 한강의 중요성이 제시된 것에서 한강의 역사적 의미를 다시 한 번 살펴볼 수 있다.

조선시대 한강의 역할 가운데 가장 중요한 것은 정부의 재정을 지탱해주는 세곡의 운송로였다는 점이다. 전근대사회에서 국가재정의 운용을 위한 수입은 거의 농업 생산물에 의지하고 있었으며, 농업경제가 사회의 기반을 이루고 있었기 때문에 현물을 조세로 수취했다. 따라서 조정에서는 세곡의 운송에 큰 관심을 갖기 마련이었다.

그러나 육지를 통한 운송수단이 발달하지 못했던 까닭에 조세는 주로 대량수송이 용이한 조운을 통해 운송됐다. 도읍지가 수륙의 교통이 편리한 곳에 있어야만 했던 이유다. 한강을 끼고 있는 한양은 이러한 조건을 충족시키기에 충분했다. 전국의 세곡이 조운을 통해 한양에 모였고, 한양에 거주하는 지주층이 지방농장에서 거두어들인 소작도 대부분 선박으로 이곳에 운반됐다.

조세뿐만 아니라 도성 내 일반 생활품 중에서도 양이 많은 것은 대부분 선박으로 한강을 통해 공급됐다. 조선 후기에 세제개혁과 대동법이 실시됨에 따라 한강은 더욱 중요성을 더하게 됐으며, 호남을 비롯해 충청도 등지에서 수납되는 대동미는 조운선을 통해 한강으로 수송됐다. 이처럼 한강은 백관의 녹봉과 국가재원을 충당시켜주는 보급로가 됐다.

한강전경

　한강변에 위치한 한양은 수로 교통의 요충지였다. 서해안과 한강 하류를 통해 호남·호서의 양호지방과 황해도·평안도의 양서지방 물자가 한양으로 운송되고, 한강의 상류인 남한강·북한강을 통해 충청북도와 강원도의 물화가 한양으로 운송됐다. 더구나 한강은 낙동강과 아울러 조선시대 최대의 생산지인 영남지방과 최대의 소비지인 한양을 연결하는 대동맥으로서의 비중이 높았다. 뿐만 아니라 한강 유역에는 광주·여주·원주·충주·춘천 등 대도시가 발달해 사람들의 왕래도 한강의 수로를 이용하는 경우가 많았다. 이처럼 한강은 사람과 말의 교통로 역할을 했지만, 그보다는 운송로 기능이 강조됐다. 자급자족적인 경제체제 하에서 지방간의 교통이나 원거리 교통이 발달되지 않은 상황이었지만, 중앙집권적 국가였던 조선왕조는 국가의 운영을 위해 각 지역의 농민에게서 징수한 현물지대로서의 세곡을 조운을 통해 서울로 운송했다.

한강 중에서도 특히 수도인 서울 주변을 감싸고 흐르는 부분을 경강이라 부른다. 전국의 주요 물산이 조운에 의해 경강지역으로 집중됨으로써 경강 변에는 많은 상인이 집결해 그 자체가 하나의 경제권을 형성했다. 경강상인은 대부분 곡물 운수업과 선상활동에 종사하면서 부를 축적했다. 즉 조운은 정부가 준비한 조선이나 병선이 주로 이용됐지만 그 수가 부족해 개인이 소유하고 있는 배도 이용됐다. 그 이유는 사선이 조선이나 병선보다 침몰률이 훨씬 낮았고, 조선술과 운송장비 등이 더 발달되어 있었기 때문이다. 조선 후기부터 조운 조건이 나쁜 지역의 세곡도 운반하게 되면서 조정의 세곡운반은 거의 경강 지역에 거점을 두고 있는 사선들이 독점하게 됐다.

경강상인의 선상활동은 거의 전국에 미치고 있었으며, 주요 취급품목은 일상생활에 꼭 필요한 곡물과 어물, 소금 등이었다. 따라서 운수업자이자 선상으로서의 경강상인들은 시전상인의 특권적 압박 등을 배제하면서 자본의 집적에 성공했다. 도고상인 즉 매점상인으로 발전한 것이다.

17세기 후반부터 19세기에 걸쳐 한강변 용산·마포·서강 등지에 상업이 크게 발달했다. 동빙고동과 서빙고동에서는 얼음을 얼려서 판매하는 매빙업이 성행했으며, 두모포와 뚝섬은 목재와 시탄의 집산지였다. 강남 쪽에서는 송파가 각 지방에서 올라오는 미곡·시목·토산품 등의 집산지로 유명했다.

한편 한강은 국가가 적의 침입으로 위태로울 때 수도를 보호하는 자연적 요새의 역할도 했다. 1592년 임진왜란 때 권율 장군이 한강변 천혜의 자연조건을 이용해 행주산성에서 큰 승리를 거둬 왜군의 보급

행주산성에 건립된 행주대첩비와 비각

로를 차단한 것이나, 양평 구미포와 여주 마탄 지역의 전투에서 승리한 일을 들 수 있다.

이외에도 한강은 전근대 선비들의 인적 교통로로 활용되어 충주와 원주 지역 등과 빠르게 소통할 수 있었고, 이곳을 통해서 조선 전기에 일본 사신이 왕래하기도 했다. 또한 조선 수군의 화포실험 등 군사훈련이 벌어지기도 했으며, 동호 일대에서는 이종무의 대마도정벌단이 출발하기도 했다. 아울러 중앙에서 왕의 명을 받아 지방으로 파견 가는 관원의 영송지도 한강이었고, 기우제·수륙제·산천제 등 각종 국가 제의 장소이기도 했으며, 하역인·수부水夫·차부車夫 등 임금노동자들의 서식처이기도 했다. 이 일대에 살고 있었던 주민들은 농민, 어민, 상인, 조선업, 도공 등이었고, 일부 지역에서는 집단촌을 형성하기도 했다. 이외에 주민들의 빨래터이자 물놀이장으로 생활문화의 터전이 되기도 했다.

근대 시기의 한강

조선 후기 프랑스 함대와 교전을 벌인 병인양요와 미국의 함대와 교전을 벌인 신미양요를 거k치면서 조선은 개항과 쇄국의 양 갈래에 서게 됐다. 결국 1876년 일본과의 강화도조약으로 개항한 이후 인천에 개시장을 개설한 제국주의 서구열강은 한강의 수운을 통해 서울로 상품거래를 진행했다. 청나라 상인들이 서울에 자리 잡은 지 얼마 되지 않아 경인간을 연계하는 기선회사汽船會社와 마차회사馬車會社를 설립한 것도 서울로 반입되거나 서울에서 반출하는 물품의 유통 속도를 높이기 위한 시도였다. 이들은 운항 속도를 높이고 화물 적재량을 늘리기 위해 기선汽船의 도입을 시도했다.

그 결과 한강에 기선이 등장한 것은 1885년의 일로 경강상인들이 대흥회사를 설립해 미국의 기선인 대등리호大登利號를 구입함으로써 마포와 국내 각 포구를 연결하는 연안 운송업을 개시했다. 이것이 한강 수운을 목적으로 조선인이 설립한 최초의 민간회사였다. 이후에는 200~500톤 규모의 기선이 들어오면서 세곡을 운송하는데 쓰이는 등 기선과 범선을 활용한 각종 물류의 이동이 활발하게 이뤄졌다.

위에서부터
한강철교 / 한강 얼음채취 / 한강 수영장 모습

한편 1899년 제물포와 노량진을 연결하는 철도가 완공됐고, 1900년에는 한강철교가 건설되면서 한강은 혁명적인 변화를 겪었다. 가장 큰 변화는 기존의 수상 교통 중심에서 육상 교통 체제로의 전환을 가져왔다는 것이다. 경부선과 경의선이 완공되면서 육상 교통은 더욱 발달하고 이에 의존도가 높아진 반면 수상 교통은 활기를 잃어갔다. 육로를 통한 군사이동과 군수물자의 수송 등을 위해 한강을 건너는 교량공사가 대대적으로 진행됐다. 1916년 중앙차도 4.5m, 좌우 보도 각 1.6m의 한강인도교가 가설됐고, 교통량의 급증으로 인해 1934년 8월에 광진교 가설에 착공해 1936년 10월 완성했다. 또한 만주사변 이후 군수물자의 수송거리 단축을 위해 인도교 근처에 한강철교를 추가로 가설했다.

1925년 을축년 대홍수를 계기로 한강변의 홍수 예방을 위한 개수계획이 추진됐다. 1925년 이전에 일본 군대와 관사 등 일본인들이 많이 거주하고 있었던 용산 일대의 홍수 피해를 막기 위해 만초천 일대의 정비작업과 함께 한강변에 둑을 쌓기도 했지만 대홍수 때 모두 유실됐다. 한강개수계획은 1926년부터 1934년까지 9년에 걸쳐 추진됐다. 당시 5가지 사업을 추진하였는데 첫째가 양수리부터 임진강 합류

파괴된 한강철교

지점에 이르는 구간의 강폭 확장, 둘째로 뚝섬 부근에서 김포 부근까지 강바닥의 흙과 돌을 파내는 것, 셋째로 뚝섬·용산·마포·영등포 부근과 강변의 평야지대에 방수제 축조, 넷째로 송파 부근 호안의 복구와 신설 및 수리공사, 마지막으로 안양천을 비롯한 한강의 지천 물길 직선화 등이 주로 추진됐다.

이 당시 한강은 여전히 강변 주민들의 휴식과 생업을 위한 공간이자 시민들의 여가공간으로 존재했다. 여름철이면 한강인도교 아래 백사장과 뚝섬 광나루의 넓은 모래밭이 시민들의 피서지로 각광을 받았다. 서울의 부유한 사람들은 기생들을 대동한 채 서울 한가운데서 유람택시를 타고 한강으로 드라이브를 나갔고, 수영을 즐기는 인파도 점차 늘어나 1934년에는 인도교 아래 수영장을 만들기도 했다. 겨울철에는 한강이 얼면서 자연스럽게 스케이트장이 만들어졌고, 1924년부터는 이곳에서 빙상경기대회를 개최하기도 했다. 한강변에는 어업을 생업으로 하는 어부들과 겨울철 강태공들도 몰려들었고, 얼음을 채취하는 장면들도 유지되고 있었다.

현대의 한강

1950년 한국전쟁을 치르면서 이른바 한강선이라 불린 양화교부터 광진교 사이의 24km 구간에서 벌어진 북한군과의 교전도 한강의 역사에서 빠질 수 없는 사건이다.

한강선은 대체로 하상 폭 1~1.5km에 유수 폭이 300~1,000m이며 수심은 2~5m다. 도하장비를 이용하지 않고서는 강을 건널 수 없었다. 군사적인 측면에서 볼 때 수도권 일원에서는 가장 큰 천연장애물이었다. 한국전쟁 당시 한강을 건너는 교통수단은 나루터에서 배를

오늘날의 한강철교

이용하거나 한강 위에 가설된 다리를 통하는 두 가지 방법이 있었다.

참고로, 전쟁 이후의 변화 가운데 주목할 것은 수로 교통로 기능이 정지됐다는 점이다. 휴전선이 38선에 만들어지면서 한강과 임진강이 합류하는 지점이 더 이상 배가 통과할 수 없는 지역으로 변화했다. 오랜 역사를 간직한 수로 교통의 역할이 상실되면서 한강의 경제적 가치도 변화가 나타났다.

현대 한강의 변화는 경제개발계획과 궤를 같이 하면서 이뤄졌다. 1950년대 이후 서울로의 인구집중 현상이 가속화되면서 서울시 경계 확장 논의가 일어났고, 그 결과 1963년 강남 일대가 서울시 행정구역에 편입됐다. 이로 인해 서울시는 외양이 넓어짐과 동시에 집중되는 인구를 재분배할 수 있는 기초가 마련됐다. 보다 본격적인 한강 개발은 1960년대 후반부터 시작됐는데, 가장 큰 변화는 한강의 유로를 직

밤섬

선화하면서 기존의 물줄기를 매립하고 택지로 조성한 것이다.

1967년 여의도 윤중제 공사 기공식을 거행하면서 여의도샛강
이 지류가 되고 여의도 위쪽이 한강의 본 물줄기가 됐다. 이 과정에
서 밤섬에 살던 사람들을 강북으로 이주시키고, 섬의 바위들을 폭파
해 여의도 매립용으로 사용했다. 아울러 높이 16m, 너비 21m, 총길이
7.6km의 윤중제 공사가 진행됐다. 하루 5,000~6,000명의 인원이 24
시간 모래를 퍼 나르고 콘크리트 블록을 쌓아 올리는 공사가 110일간
지속됐다. 그 결과 과거 모래밭에 비행기 활주로만 길게 놓여있던 여
의도는 80만평의 택지로 변모했다.

같은 시기에 영동지구 구획정리 작업이 이뤄지면서 900만평에
달하는 토지구획 정리사업이 진행됐다. 영동지구 개발은 경부고속도
로 건설과 함께 계획된 사업이었고, 동시에 한남대교가 가설되면서

한강의 원래 물줄기였던 석촌호수 전경

강남으로의 교통이 확연하게 달라졌다.

　뒤이어 개발이 진행된 지역이 잠실이다. 잠실은 현재 강남에 위치
해 있지만 과거에는 강북에 근접해 있었다. 즉 한강 물줄기의 주된 흐
름이 잠실 남쪽, 지금의 석촌호수 일대를 지나 탄천과 합류해 뚝섬 방
향으로 흘러가고 있었다. 따라서 오늘날의 신천동과 잠실동 및 종합
운동장 일대는 한강에 떠 있는 섬이었다. 이를 1971년에 잠실 남쪽으

로 흐르는 물줄기를 막아버리고 공유수면을 매립해 육지화 했다.

한편으로는 잠실 북쪽의 물길을 확대하고 정비해 물길을 넘으로써 실질적인 한강의 물줄기를 바꿔 놓았다. 이 공사는 대대적인 매립공사로서 1971년 2월 17일에 잠실섬 상단부와 신천동을 잇는 물막이 공사에 착공해 4월 15일 물길을 막는데 성공했다. 이어서 공식적인 공유수면 매립공사는 1974년 6월 19일에 준공됐다. 이 기간 동안 매립된 공유수면 면적은 83만평이고 사유지 매립 면적은 22만평으로, 모두 105만평의 거대한 지역이 육지화 됐다.

곧이어 서울시에서 잠실과 한강 북쪽을 연결하는 잠실대교를 착공해 1972년 7월 1일 준공함으로써 교통의 편리를 도모했다. 토지구획정리사업에도 착수해 시가지를 조성하고 오늘날의 번화한 잠실지구를 탄생시켰다. 오늘날 잠실아파트 1·2·3·4단지의 15,000여 가구가 바로 매립 이후 주택공사에 의해 1976년 건립된 건물이다. 이미 40여 년이 지난 이 아파트단지는 현재 재개발계획을 수립해 놓고 있다.

인공적인 물막이 공사로 인해 한강의 물줄기를 변경함으로써 기존에 섬이었던 잠실을 육지화해 도시화했고, 상습적인 강물 범람지역이었던 지역에 제방을 쌓고 물줄기를 직선화해 퇴적물의 축적을 막아 홍수의 재난을 막을 수 있었다. 지금은 한강의 옛 물줄기 흐름을 아는 사람이 많지 않다. 공유수면 매립 당시에 만들어진 지금의 석촌호수가 한강의 물줄기가 이곳으로 흘러갔음을 증명할 수 있는 유일한 흔적으로 남아있을 뿐이다.

한강 하류의 난지도도 과거에는 섬이었으나 오늘날은 쓰레기 매립장으로 일반인들에게 각인되어 있다. 과거에는 한강물이 망원정 부근에서 두 갈래로 흘러 내려갔다. 본류는 곧장 서해로 나아가고 다른 하나의 지류가 홍제천 방향과 같이 동북쪽으로 흘러가다가 서쪽으로 급회전해 매봉산 마을 어귀를 안고 흘렀다. 이어 행주산성 쪽에서 본류와 합류해 난지도의 섬을 형성했다. 이 섬은 고지도인《경조오부도》나《수선전도》에 꽃이 피어 있는 섬이라는 의미의 중초도로 기록되어 있고, 오리가 물 위에 떠 있는 형상이라 하여 오리섬 또는 압도라고도 불렸다.

이 지역도 잠실과 같이 홍수 때면 매년 막대한 피해를 입는 상습 침수지역으로, 난지도 북쪽으로 나 있는 물길을 막아 홍수의 피해를 막으려는 계획을 수립했다. 1977년 1월 7일 홍수 염려가 없는 겨울에 난지제방 축조공사에 착공해 그해 7월 25일 완공했다. 이 공사에는 약 6개월간 서울시 전역의 인부 70여만 명이 동원됐고, 홍제천의 유입 지점과 한강 연안을 따라 행주산성 쪽으로 고양시까지 연결하는 길이 3,950m, 높이 7m, 폭 20m의 제방을 축조함으로써 한강지도를 바꾸는 대공사가 완료됐다. 당시에 사용된 돌은 남산 3호 터널 공사에서 나온 잡석을 사용했다.

공사가 끝난 후 확보된 87만여 평의 땅은 곧바로 서울시의 쓰레기 매립장으로 탈바꿈했다. 1978년 3월 18일부터 1992년 10월 31일까지 약 15년간 서울시에서 발생하는 쓰레기를 이곳에 매립함으로써 꽃이 피고 철새들이 날아오던 과거의 난지도는 오늘날 쓰레기의 대명사로 둔갑했다. 이후 난지도에 모이는 쓰레기의 양이 많아져 산이 만들어지자 붕괴를 예방하기 위해 강변과 샛강 쪽에 제방을 축조하기도 했다. 2002년에는 월드컵을 개최하면서 상암동에 월드컵 축구장을 건설하고, 난지도를 감싸고 북쪽으로 흐르는 물줄기는 자연생태 하천으로 탈바꿈했다. 나아가 상암동 일대는 신도시를 건설하면서 논이나

월드컵경기장과 공원

밭이었던 곳이 미디어센터가 들어서는 현대도시로 급성장했다.

　1988년을 전후해 아시안게임과 올림픽을 개최하면서 한강 남북에 도로를 가설했는데 강변북로와 올림픽대로가 그것이다. 이 도로는 공항을 통해 들어오는 외국인에게 서울 한강 물줄기의 아름다움과 자연적 풍광을 보여주기 위한 목적이 하나였고, 다른 하나는 가장 짧은 시간에 서울 도심부로의 접근이 용이하도록 하기 위해 만들어진 것이다. 그러나 지금에 와서는 이 도로가 한강으로의 시민 접근을 차단하고 있어 한강의 자연 조건을 시민들이 자유롭게 즐기는데 오히려 방해가 되고 있기도 하다.

오늘날 한강은 하루가 다르게 변모하고 있다. 이른바 '한강의 기적'을 만들어낸 현대의 한강은 서양의 어느 도시에 있는 강 못지않은 아름다운 풍경과 야경을 갖추고 있으며, 인간과 자연이 함께 숨 쉴 수 있는 공간으로 창출됐다. 한강변 둔치에서는 시민들이 휴식과 여가를 즐기고, 한강에서 서핑과 유람을 즐기며 평화로운 도시 강변의 아름다움을 연출하고 있다. 다만 한강변을 중심으로 아파트 단지들이 늘어서 있어 자연과의 조화라는 측면에서 다소 어색한 풍경이 아쉬움을 자아내고 있다. 나아가 한강을 인위적인 하천이 아니라 자연하천으로 되돌려 놓아 친환경적인 모습으로 바꿔야 한다는 논의도 일어나고 있다.

6장

한성백제의 수도, 송파의 재발견

구석기 시대 한반도 문명을 꽃피우다

송파 지역은 선사시대부터 인류가 살았던 곳으로 매우 오랜 역사를 간직한 곳이다. 송파 남쪽에는 산, 북쪽에는 한강, 그 사이에는 비옥한 토지가 있었기에 1만 년 전인 구석기 시대부터 사람이 거주했다. 가락동과 문정동에서 출토된 구석기·청동기 유물이 이를 증명하고 있다. 유구한 역사성을 가진 송파의 역사적 변화과정을 송파라는 지명의 유래, 행정구역의 변천, 시대별 변화과정을 중심으로 간략하게 정리해 보면 다음과 같다.

송파구라는 명칭은 조선시대 이 지역에 있던 송파진松坡津, 곧 송파나루에서 유래됐다. 그렇다면 송파나루의 '송파'라는 이름은 어떻게 생겨났을까? 이에 관해선 크게 세 가지 설이 있다.

첫째는 옛날 한강변에 있던 이 마을의 언덕을 중심으로 소나무가 빽빽이 들어차 있어 소나무 언덕, 즉 '송파松坡'라고 칭하게 되었다는 설이다. 18세기의 화가 겸재謙齋 정선鄭敾이 그린 〈송파진도松坡津渡〉에는 언덕 위에 소나무가 울창하게 서 있는 모습이 묘사되어 있는데, 이를 보면 상당히 일리 있는 주장이다.

송파진도

　둘째는 조선시대 문종 즉위년(1450)에 삼전도三田渡(삼밭나루)보다 연파곤淵波昆의 물살이 빠르지 않으니 이곳을 나루터로 삼는 것이 좋겠다는 경기관찰사의 요청에 따라 연파곤나루가 생겨났다는 것이다. 이 연파곤이 '소파곤'으로 음이 변화되어 소파리疎坡里가 됐다가, 차츰 송파진松坡津, 송파나루로 불리게 됐다는 설이다.

　셋째는 이곳에 살던 어부가 매일 한강변에 나가 고기잡이를 했는데, 하루는 잔잔한 물 위에서 고깃배를 타고 낮잠을 자던 중 소나무가

서 있던 언덕 한쪽이 패어 떨어지는 바람에 놀라서 잠이 깨었으므로 그 뒤부터 이곳을 '송파'라고 부르게 되었다는 설이다. 마지막 이야기는 다소 설화와 같아 신빙성과 설득력이 떨어지는 반면 나머지 두 가지 설은 각각 그 특징을 가지고 있다고 생각된다.

송파 지역에 송파구라는 이름이 생겨난 것은 1988년이다. 그 이전의 행정 변화를 시대별로 살펴보면, 먼저 고대 백제 때는 한성漢城이라 불렀고, 통일신라 때는 초기에 한산주漢山州라고 하다가 한주漢州로 이름이 변경됐다. 고려시대에는 광주목이 됐고, 조선시대에는 행정구역이 세분화되면서 송파 일대가 셋으로 나눠졌다. 즉 현재 송파구에서 잠실과 신천 지역은 경기 양주군 고양주면이었고, 풍납동 일대는 광주군 구천면이었으며, 나머지는 광주군 중대면에 속해 있었다. '송파'라는 지명은 조선 후기부터 지금의 송파동 일대를 광주군 중대면 송파리라고 불렀기 때문에 송파구의 지명이 나오게 된 것이다.

이후 1914년 지방제도 개편에 따라 잠실과 신천 지역은 고양군 뚝도면이 됐고, 나머지는 그대로 유지됐다. 이 일대가 경기도에서 서울시로 편입된 것은 1963년이다. 당시 행정구역은 성동구였으며, 인구가 증가하고 강남지역이 개발되면서 구區가 계속 늘어나 강남구·강동구 등에 속했다가 1988년 송파구로 분리돼 오늘에 이르고 있다. 이러한 지명 유래와 행정구역의 변화를 거친 송파구는 오늘날 서울 강남 일대의 번화가로 시민들의 주목을 받고 있다.

백제 건국한 온조의 이유 있는 선택

송파 지역의 고대사는 어떠했을까. 이곳에 처음으로 정착해 하나의

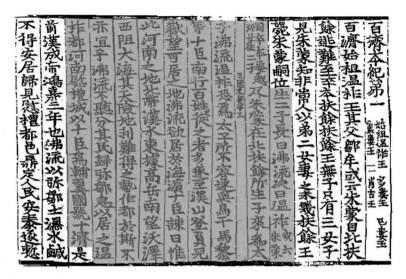

백제 건국설화

집단체제를 만든 세력은 마한이다. 당시 삼한 가운데 하나인 마한은
모두 54개의 크고 작은 세력들이 모여 있었다. 이들 중 가장 세력이
강한 집단이 목지국目支國이었다. 그러다 온조溫祚와 비류沸流가 고구려
에서 내려와 한강 유역에 정착할 때 비류는 인천 쪽에 머물렀고, 온조
는 한강 유역을 근거로 삼았다. 당시 온조가 정착하는 과정에서 마한
의 목지국이 이를 허락했는데, 이는 한강을 통해 외부 세력이 자주 침
략하자 온조를 방패세력으로 삼기 위해 이 지역을 할애해준 것이다.

온조는 이곳에 정착한 후 백제를 세워 점차 세력을 키워 나갔고,
결국에는 인천에 있던 비류 집단과도 통합하면서 강력한 세력으로 성
장했다. 백제는 위례성慰禮城에 도읍을 정하고 목지국을 능가할 정도로
성장했으며, 결국 마한의 여러 작은 부족을 통합하면서 서울·경기·충

청 지역 대부분을 차지하는 고대국가로 성장했다. 이후 근초고왕 때는 나머지 마한세력을 모두 통합하고, 전라도 지역까지 영토를 확장하면서 한반도의 남서부 지역을 기반으로 삼국시대를 열어갔다.

백제는 두 개의 성을 상호 보완하는 형태로 국가를 운영했다.《삼국사기》기록에 의하면 도읍지에 북성北城과 남성南城 두 개의 성을 쌓고 이를 중심으로 도읍지를 설계했다고 적고 있다. 이것이 오늘날 송파에 남아있는 서울 풍납동토성風納洞土城과 몽촌토성夢村土城일 것이라는 추정에 대해 역사학계는 대부분 동의하고 있다. 즉 풍납동토성이 북성이고, 몽촌토성이 남성에 해당한다는 것이다.

풍납동토성을 백제의 도성인 위례성으로 보는 근거는《삼국사기》중 백제 온조왕溫祚王 때의 기록이다. 이 사료에는 "온조가 하남의 땅이 북으로 한수漢水를 끼고, 동으로 높은 산이 있으며, 남으로 기름진 땅을 바라보고, 서쪽은 넓은 바다로 가로막혀 있어 그 천험天險의 지리를 얻기 어려운 형세이니 여기에 도읍을 정하는 것이 좋을 것이라는 신하들의 말을 듣고 하남위례성에 도읍을 정했다."고 기록되어 있다.

이 토성의 형태는 남북으로 길게 타원형을 이루고 있으며, 주위는 약 3.5km, 남북 2km, 동서 1km에 이른다. 그러나 한강 쪽의 서벽은 1925년 큰 홍수로 손실됐다. 홍수 당시 성 남쪽 토사에서 백제와 중국의 문물 교류를 알려주는 청동제 초두鐎斗 2점이 발견됐다. 초두란 다리가 셋이고 자루가 달린 냄비를 말한다. 해방 이후에는 서울대학교와 문화재연구소 등에서 발굴해 주민들이 살았던 많은 거주지와 생활 용기로 사용했던 토기 등의 도구들이 출토됐다.

1999년에는 문화재청이 토성의 벽 일부를 절단해 이 성의 실체를 확인하는 작업을 진행했다. 그 결과 폭 40m, 높이 9~15m에 이르는 거대한 판축板築 토성임을 확인하고, 이때 나온 나무와 목탄의 탄소연대 측정 결과 기원전 2세기~기원후 2세기에 만들어진 것임이 판명됐다. 이후 1999~2000년 한신대학교 박물관의 경당지구 발굴에서 제사유적과 제사 후 폐기된 도구, 음식을 버리는 구덩이로 추정되는 유구, 기와와 건물 바닥에 까는 전塼, '대부大夫'와 '정井' 등의 문자가 새겨진 토기를 비롯한 다량의 토기 조각, 유리구슬 조각, 제사 때 희생犧牲으

지금의 송파구 일대로 왼쪽부터 아차산, 풍납동토성, 몽촌토성이 보인다

로 사용된 것으로 보이는 12마리 분의 말 머리 등이 나왔다. 특히 제
사유적의 발굴은 이곳에서 하늘에 제사를 지냈다는 것을 입증하는 것
으로 이 토성이 왕성으로 사용되었음을 보여주는 중요한 근거가 되기
도 했다. 지금은 모두가 덮인 채 역사공원으로 변모해 이곳을 찾는 시
민들에게 그 역사적 의미를 알려주기 위한 장소로 재탄생했다.

　　몽촌토성은 둘레가 2.7km다. 자연지형을 이용해 낮은 부분에는
흙을 쌓아 올렸고, 높은 지역은 경사면을 깎는 방법으로 성을 쌓았다.

백제와 중국의 문물교류를 보여주는 청동초두

성의 주위에는 성내천이 휘감아 흘러 자연적 방어선을 이루는 해자壕子가 형성돼 있다. 현재는 올림픽공원이 만들어져 많은 시민들이 성벽 위를 따라 걸으며 산책하는 곳이 됐다.

이곳은 서울올림픽을 계기로 발굴이 진행돼 백제의 많은 주거지와 무덤, 저장용 구덩이 등이 발굴되면서 주목을 받았다. 토성 안에는 사람이 살고 있었으나 올림픽을 계기로 모두 이주하면서 공원과 체육시설이 들어서게 됐다. 최근에는 이곳의 역사성을 반영해 한성백제박물관을 설립했고, 학술적인 발굴을 꾸준히 진행하고 있다.

몽촌토성과 풍납동토성은 불과 1km 남짓한 거리를 두고 있다. 백제는 도읍지인 풍납동토성과 몽촌토성 일대를 보호하기 위해 한강 북쪽 아차산에 성을 쌓아 방어벽을 두었고, 남쪽의 하남 이성산성二聖山城이나 서쪽의 삼성동토성 등도 이러한 목적을 가지고 쌓았던 흔적들이다. 또한 송파구 풍납동과 방이동 일대를 중심으로 백제 한성의 도시민들이 집중되어 살고 있었기 때문에 이들의 무덤도 가까운 곳에 자리 잡고 있었다. 그것이 석촌동 일대의 무덤군들이다. 석촌동의 무덤은 일제강점기 때만 해도 100여 기 이상 집중돼 있었으나 도시개발과 함께 오늘날은 불과 10여 기 만이 남아있다. 이 일대는 이른바 백제시대의 공동묘지에 해당하는 지역이었다.

지금의 몽촌토성 모습

신라의 수도 경주가 도성이 있고 왕릉이 존재하며 크고 작은 무덤들이 가까운 곳에 산재해 있는 것과 유사하다. 백제 도읍지에 살고 있던 사람들은 죽고 나면 왕부터 서민에 이르기까지 가까운 곳에 장지葬地를 마련했다. 현재 석촌동의 가장 큰 무덤인 3호분은 백제의 최고 전성기 시절의 왕인 근초고왕의 무덤으로 추정하고 있다. 무덤이 도굴되고 무덤에 쓰였던 돌들도 대부분 사라져 버린 상태지만, 그 규모나 기법 및 출토 유물 등을 살펴볼 때 백제 최고의 강력한 지배자의 무덤으로 추정한 것이다.

이 무덤은 돌을 쌓아 만든 것으로 적석총赤石冢이라고 한다. 고구려 광개토왕이나 장수왕의 무덤도 돌을 쌓아 만든 것인데 이의 영향을 받은 것으로 생각된다. 백제가 고구려에서 남하해 세운 국가였기 때문에 고구려의 매장 풍습을 본받아 적석총으로 무덤을 만들었던 것으로 보인다.

백제는 이곳 송파구 지역을 중심으로 거대한 고대국가를 발전시켜 나갔다. 가장 전성기였던 근초고왕 시절에 전라도 일대를 모두 영토로 확보하면서 백제 영역을 서울과 경기뿐만 아니라 충청과 전라도 전역까지 확장했다. 그러나 475년 백제 개로왕 때 고구려 장수왕의 공격을 받아 백제는 공주로 도읍지를 옮기게 됐다. 당시 장수왕의 공격을 받은 개로왕은 풍납동토성과 몽촌토성에서 저항하다 체포돼 아차산 아래에서 목숨을 잃었다.

그의 아들 문주왕이 공주에 도읍을 정하면서 백제는 한강 유역을 고구려에게 내주고 말았다. 이로써 송파구 지역은 고구려의 영토가 됐으며, 이후 70여 년간 고구려의 군대가 송파 지역에 주둔해 있었다. 기원전 18년에 세운 백제는 475년 수도를 공주로 옮김에 따라 이곳 송파에서 도읍지로 존재했던 기간은 493년, 백제가 660년에 멸망했으므로 약 500여 년간 수도였던 곳이 바로 송파지역이다. 이러한 사실은 송파 지역이 얼마나 중요한 역사성을 간직하고 있는 곳인지를 잘 보여준다. 이를 기념하기 위해 송파구에서는 매년 한성백제축제를 개최하고 있다.

홍련봉 보루

통일신라 한주에서 고려시대 광주로

송파 지역을 차지한 고구려는 이곳을 남평양南平壤에 속하도록 했다. 남평양은 평양 및 국내성과 함께 고구려의 3대 도시 가운데 하나였으며, 다른 이름으로는 한성漢城이라고도 했다. 몽촌토성에서 발굴된 고구려 유물이나 한강 북쪽의 아차산 정상에 남아있는 보루 등은 고구려가 한강 유역을 차지했던 사실을 보여주는 역사적 흔적들이다.

이후 백제와 신라는 동맹을 맺고 고구려를 공격해 한강 유역을 탈환했다. 그러나 신라가 백제를 배신하면서 홀로 한강 유역을 독차지하고, 이곳을 한산주漢山州에 속하도록 했다. 행정구역의 명칭으로 한때 북한산주北漢山州, 남천주南川州 등이 사용되기도 했으나 최종적으로는 한산주로 정해졌다. 그러다가 경덕왕景德王 16년(757)에 전국을 9

주로 재정비하면서 그 명칭이 한주漢州로 바뀌었다.

　신라가 삼국을 통일했을 때 수도는 경주였으므로 이곳 한강 유역은 신라 입장에선 변방에 해당했다. 당시 발해와 국경선을 대치하고 있던 신라는 이곳에 많은 군사를 주둔시키고 있었다. 통일신라가 혼란스러워지면서 이곳은 후고구려의 영향력 하에 놓이게 됐고, 고려시대에는 태조 왕건에 의해 신라시대의 명칭인 한주가 광주廣州로 바뀌었다.

　고려시대는 수도가 개성이었다. 따라서 서울지역은 한강을 중심으로 남쪽은 광주, 북쪽은 양주로 불렸다. 그러다 양주가 남경南京으로 바뀌면서 제2의 행정도시가 됐다. 반면에 한강 남쪽인 송파구 일대는 과거와 큰 변화 없이 농민들과 어업에 종사하는 사람들이 모여 살았다. 주로 한강을 근거지로 어업활동이 이뤄졌고, 나루 일대에 소규모의 사람들이 모여 살면서 넓은 평지에서 농사를 짓고 사는 한적한 시골 마을의 풍경을 이뤘다.

　다만 송파지역은 교통의 길목으로 어느 시대든 사람과 물류의 이동이 이루어졌을 것이다. 즉, 당시에도 한강을 건너 북쪽에서 남쪽으로 이동하는 사람들이 있었고, 한강을 통해 물류가 이동했기 때문에 양질의 차이는 있겠지만 일정 부분 나루의 역할도 하고 있었을 것으로 추정된다. 이것은 조선시대 수도가 이전하면서 송파가 교통의 중심지로서 경제도시로 부상하는 것을 봐도 추정이 가능하다.

조선시대 한강 르네상스를 이끌다

조선이 건국되면서 한강 유역은 많은 변화를 거듭했다. 가장 큰 변화는 조선의 수도가 개경에서 한성으로 옮겨진 것이다. 수도 이전은 지역의 공간 및 인간 삶의 변화와 밀접한 관련을 가진다.

한강 북쪽은 급속도로 도시화되면서 궁궐을 비롯한 관청 및 민가 건물들이 지어지고, 전국의 물산들이 집중되면서 최고의 행정도시이자 소비도시로 급성장했다. 뿐만 아니라 지방의 우수한 인재들이 모여드는 장소이자 삶의 문화가 역동적으로 움직이는 공간으로 변화했다. 조선시대 송파구 일대는 상업과 농업에 종사하는 사람들이 주로 모여 살았다. 물론 그 이전부터 어업과 농업이 주요 산업이었지만 조선시대에 들어서면서 송파 지역이 새롭게 상인들의 무대로 변화해간 것이다.

조선시대 수도인 한양에 인구와 물산이 집중되면서 지방에서 내륙의 교통로를 통해 도성으로 가려는 사람들은 자연스럽게 한강 유역의 나루로 집결했다. 조선시대의 송파는 교통과 군사상의 요충지였다. 이곳에는 한강변 5진津의 하나인 송파진이 설치됐으며, 송파나루는 서울에서 충청도와 경상도 일대로 가려는 사람과 반대로 지방에서 서울로 올라오는 사람들이 많이 이용하던 나루 가운데 하나였다. 나루터 기능은 1960년대까지 뚝섬과 송파를 잇는 정기선이 운항돼 그 명맥을 유지했으나, 1960년대 말 강남 지역의 개발이 이뤄지면서 샛강 매립과 교량 건설로 나루터로서의 기능은 상실됐다.

한편 지방에서 서울로 올라오는 사람들은 송파나루를 건너기 전에 송파 일대에서 숙식을 하는 것이 일반적이었다. 따라서 나루터 주변에는 일찍부터 사람들이 모여들었고, 자연스럽게 장시場市가 형성됐는데 그것이 바로 송파장이다. 송파장이 열렸던 위치는 오늘날 송파구 석촌호수 부근이다.

송파산대놀이

　이 지역에는 본래 조선 초기 이래 삼전나루가 개설돼 있었지만
병자호란 이후 쇠퇴했다. 대신 이 송파진이 주된 나루가 되어 수어청
守禦廳에서 파견된 별장別將이 근무하며 관리했다. 송파장은 하중도河中
島를 끼고 있어 삼전도보다 물이 풍부해 좋은 포구 조건을 갖추고 있
었고, 맞은편에 있는 뚝섬의 조건이 좋지 못했기 때문에 사람과 물산
이 모여 크게 번성할 수 있었다. 상공업의 발달로 물화物貨의 유통량이
크게 늘어난 조선 후기의 송파는 원주·춘천·충주·정선·영월·단양 등

한강 상류 지역에서 내려오는 각종 물화가 모이는 곳으로 성장했다.

물길을 따라 상품이 이동하는 수운水運 뿐만 아니라 서울에서 이곳을 지나 판교·용인을 거쳐 충청도나 강원도로 가는 길, 또 용인을 거치지 않고 광주·이천을 거쳐 충주나 여주·원주를 거쳐 대관령·강릉으로 가는 길이 열려 있어 사람과 말의 통행이 번잡했다. 도성에서 20리 정도로 비교적 가까운 위치였기 때문에 한강을 주요 무대로 상업 활동을 하는 경강상인京江商人은 물론이고, 이현梨峴과 칠패七牌 등 각 시장상인과 중개상인, 그리고 주민들도 송파장을 이용할 수 있었다.

송파장이 번영하자 인근 70~80리 지역의 상인과 주민이 송파장으로 나오기도 했다. 지리적 요건이 송파장을 발달시킨 이점이긴 하지만, 송파가 행정구역상 서울이 아닌 광주유수부에 속해 있어 금난전권禁亂廛權이 미치지 못했던 점도 송파장이 발달할 수 있었던 주요한 요인 중 하나였다. 시전 상인들은 도성 안에서는 독점권을 철저하게 행사했지만, 이곳은 그런 제약이 없었으므로 한강을 주요 무대로 활약한 경강상인은 물론, 전국 각지의 상인들이 자유롭게 상거래를 할 수 있었다.

송파장은 조선시대 전국 10대 장시의 하나로 꼽힐 만큼 대규모의 시장이었고, 5일 및 10일장이라고는 하나 상설시장과 마찬가지였다. 장터는 마을 한가운데 자리 잡고 있었는데, 그 주변에는 사람들이 묵어갈 수 있는 여각이나 객주, 잠시 쉬면서 목을 축일 수 있는 주막, 사람들에게 필요한 생필품을 파는 각종 상점들이 즐비하게 늘어섰다. 이로 인해 자연스럽게 주변 사람들이 모여들게 되었고, 흥청거리는 장시에서 광대들은 '송파산대놀이'를 벌이기도 했다.

조선 말기 송파장에는 짐을 보관하는 창고, 10~20여 개의 객실과 마방馬房을 갖춘 여각 두 곳, 수십 칸의 객주 한옥이 있었다. 객주는 여각보다 건물의 규모가 작고 취급물품도 부피가 작았다. 중개상인에게 물품판매를 위탁한 지방상인은 대금을 받을 때까지 이곳에 유숙했다. 송파장의 남쪽, 즉 광주와 판교 쪽으로는 우시장이 있었으며, 특히 대구와 안동에서 많은 소장수들이 올라왔다. 나루터 오른편 버드내에는 도살장도 있었다. 송파장에서 거래된 물품은 쌀과 보리 등의 미곡, 콩이나 팥 등의 잡곡, 소, 포목·과실·재목·땔감·연초·잡화 등 매우 다양했다. 또 함경도·평안도·황해도 등지의 물산도 서울을 거치지 않고 이곳으로 운송되어 거래됐다.

송파장의 주도권은 경강상인 중에서도 송파상인이 잡고 있었는데, 19세기 초엽 손도강孫道康이라는 대상인은 광주유수에게 자금을 지원받아 원산까지 가서 어선과 계약을 체결해 생선을 유통시키는 등 거대 상인세력으로 성장하기도 했다. 영조 때 시전상인들이 자신들의 상권을 위협하는 송파시장의 폐지를 주장한 사실에서도 송파상인의 재력과 거래 규모가 상당했음을 짐작할 수 있다.

조선시대 경제 중심권으로 성장한 한강 유역의 상점들은 개항 이후 경제 여건이 변화하면서 몰락의 길을 걸었다. 항구가 외국 상인들에게 개방되면서 인천은 외국 상품이 들어오는 길목으로 각광을 받았다. 과거에는 중부 내륙에서 서울로 올라오던 상품들이 한강을 건너기 전에 송파장에 머물다가 도성으로 갔으나, 개항 이후부터는 지체 없이 바로 서울로 들어가는 형태로 바뀌었다.

이 같은 교통과 유통 구조의 변화는 필연적으로 송파장의 위축을 가져왔다. 이후 1910년대까지 유지되던 송파장과 우시장은 점차 소규모로 축소됐고, 그나마도 1925년 을축년 대홍수로 마을 전체가 잠기면서 송파장은 역사 속으로 사라지게 됐다. 일제강점기 송파 지역은 과거 송파장을 중심으로 한 상업 세력이 약화되면서 농민과 어민, 그리고 소상인들이 모여 사는 곳이 됐다.

조선의 흥망을 만나다

서울의 궁궐에서

제2부

1장

나라의 운명을 품은 다섯 궁궐

임금이 사는 곳이 권력의 중심지다

궁궐은 왕과 그 가족 및 이들을 보좌하는 모든 사람들이 살던 공간이다. 단순히 사는 장소라기보다는 오늘날의 청와대처럼 왕이 정무를 보기 위한 공식 집무처였다.

하지만 왕이라고 해서 매일 24시간 궁궐에만 머물러 있는 것은 아니었다. 조상의 능을 참배할 때 궁궐을 비우고 다른 곳으로 이동하기도 하고, 혹여 궁궐에 화재가 발생하거나 전쟁처럼 뜻하지 않은 변고가 생겼을 때는 안위를 위해 궁궐을 비우기도 했다. 이외에도 여러 가지 상황을 고려해 궁궐 이외의 왕이 머물 수 있는 별도 공간이 필요한데, 이동의 편의와 안전을 고려해 적어도 서울 안에 왕이 머물 수 있는 궁궐이 2개 이상은 있어야 했다. 서울에 여러 개의 궁궐이 건립된 이유다.

왕이 공식적으로 머무는 공간은 법궁法宮 또는 정궁正宮이라고 한다. 유사시에 옮겨가서 머물 수 있는 또 다른 궁궐은 이궁離宮이라고 한다. 조선시대 임진왜란이 일어나기 이전에는 경복궁이 법궁이었고, 창덕궁은 이궁이었다. 조선 후기에는 경복궁이 소실됨에 따라 창덕

경복궁 전경

궁이 법궁이 됐고, 경희궁이 이궁이 됐다. 이후 고종에 의해 경복궁이 중건됨에 따라 다시 경복궁이 법궁이 됐으며, 창덕궁이 이궁이 되는 체제로 변화했다. 이러한 체제를 양궐체제兩闕體制라고 한다.

서울에는 5개의 궁궐이 있다. 즉 경복궁, 창덕궁, 창경궁, 경희궁, 덕수궁이 그것이다. 경복궁은 서울의 주산인 북악에 안겨있다. 세종로에서 북쪽을 바라보면 제일 먼저 광화문이 보이고 그 뒤로 전각들이 들어서 있다. 그리고 광화문 앞에는 조선시대 6개 중앙관청이 줄지어 있어서 이곳을 육조거리라고 불렀다. 조선시대에는 전국을 통틀어 가장 넓은 길이었고 가장 번화가이기도 했다.

경복궁의 경복이란 이름은 《시경詩經》 주아周雅 편에 나오는 "군자 만년 그대의 큰 복을 도우리라[君子萬年介爾景福]"에서 따온 말이다. 조선 창건에 큰 공을 세운 정도전의 의견을 따른 것이다. 서울 도성의 중심인 종로거리에서 북쪽에 있었기 때문에 북궐北闕이라 부르기도 했다.

창덕궁은 창경궁과 서로 맞붙어 있다. 경복궁을 기점으로 볼 때 동쪽에 있어 동궐이라 불렀다. 창덕궁과 창경궁은 응봉자락에 이어져 있고 그 앞으로 종묘를 두고 있다. 오늘날은 담으로 막혀 있어 영역이 나뉘어 있으나 예전에는 서로 왕래할 수 있었다.

창덕궁은 세계문화유산으로 지정되어 보호를 받고 있다. 창덕궁은 경복궁처럼 일직선으로 배치되지 않았고, 서쪽에서 동쪽으로 능선을 따라 연결된다. 건물들이 산의 지형을 따라 자연스럽게 조화를 이루며 들어서 있어 자연과의 조화미가 뛰어나다는 평가를 받고 있다. 또한 창경궁은 주로 궁궐의 여인들을 위해 세운 공간으로, 지형적 이유로 정남향이 아닌 동향을 이룬 것이 특징이다. 왕이 정사를 돌보던 정전正殿으로 이어지는 궁궐의 문이 3문이 아닌 2문으로 이뤄진 것도

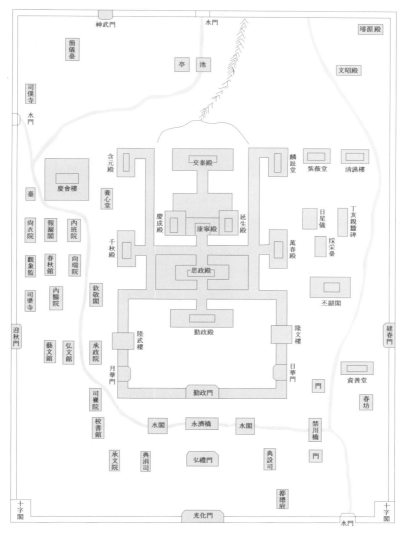

神武門　　　　水門　　　　　　　璿源殿

簡儀臺

亭　池　　　　　　文昭殿

司僕寺

水門

含元殿　　　交泰殿　　　　麟趾堂　紫薇堂　清讌樓

慶會樓　　養心堂

　　　　　　　　　　　　　　延生殿　　　　日星儀　丁亥親覽碑

臺　　　　　　　慶成殿　康寧殿

尙衣院　報漏閣　內班院　　　　　　　　　　　採采臺

觀象監　春秋館　尙瑞院　千秋殿　　　萬春殿

　　　　　內醫院

司饔寺　　欽敬閣　　　思政殿

　　　　　　　　　　　　　　　　　　　　不顯閣

迎秋門

藝文館　弘文館　承政院　陸武樓　　勤政殿　隆文樓　　資善堂

　　　　　　　月華門　　　　　　日華門　　門　　春坊

司饔院　　　　　　　　勤政門

校書館　　　　　　　　　　　　　　　禁川橋

承文院　典涓司　弘禮門　　典設司　　門

水閣　永濟橋　水閣

都摠府

十字閣　　　　　光化門　　　　　水門　十字閣

建春門

경복궁 배치도

다른 궁궐과 구별되는 점이다.

경희궁은 인왕산 자락에 기대고 있다. 임진왜란이 끝난 이후 경복궁을 대신해 광해군 때 지어진 궁궐이다. 경복궁을 기준으로 서쪽에 위치하고 있어 서궐西闕이라고 한다. 지금은 궁궐이라고 부르기에도 민망할 정도로 숭정전 하나만이 덩그렇게 복원되어 있을 뿐, 나머지 전각들은 모두 소실된 상태다. 일제강점기를 거치면서 문루를 비롯해 대부분의 건물을 다른 곳으로 팔아버리거나 이전하면서 궁궐은 점차 자취를 감췄다. 궁궐 자리에는 일본인 중학교가 들어섰고, 해방 이후에는 서울고등학교가 있었다. 지금은 경희궁의 문만이 외롭게 서 있고, 그 뒤로 멀찍이 떨어져 숭정전이 덩그러니 놓여 있어 궁궐이라는 생각이 들지 않을 정도다.

덕수궁은 원래 경운궁이라 불렀다. 오늘날 서울시청 옆 중심지에 들어서 있어 많은 사람들이 알고 있는 궁궐이다. 덕수궁이라는 이름은 고종에게 붙여진 궁호宮號로, 황제위에서 밀려난 이후의 고종을 가리키는 이름이다. 따라서 덕수궁은 경운궁으로 부르는 것이 합당하다.

경운궁은 정릉동 행궁行宮으로 불리던 것이 임진왜란 이후 선조가 머물면서 광해군에 의해 경운궁으로 불리게 됐다. 이후 고종이 아관파천에서 궁으로 돌아올 때 경운궁을 수리하고 중건해 머물게 되자 비로소 궁궐로 자리 잡게 됐다. 이후 1897년부터 1907년까지 고종이 황제로 있던 10년 동안 경운궁은 파란만장한 대한제국 역사의 중심이 됐다.

지금까지 언급한 5대 궁궐 중에서 4개가 종로구에 속해 있고, 경운궁만이 중구에 있다. 조선이 건국될 당시에는 궁궐의 왼쪽에는 종묘를 짓고 오른쪽에는 사직을 두는 좌묘우사左廟右社의 형태로 경복궁 안에 많은 전각들이 들어차 있었다. 하지만 오늘날에는 대부분 없어지고 빈 공터로 남아있다. 대다수 비어있는 공간은 이미 소실되고 사라진 건물이 있던 자리다. 일부 향원정 일대를 중심으로 뒤쪽과 서쪽에 복원을 위한 공사와 발굴이 진행되고 있고 그 과정에서 동궁의 일부가 복원되기도 했지만 앞으로 더 많은 시일이 소요될 것으로 보인다.

조선왕조 최초의 궁궐 경복궁

조선의 정궁正宮이자 북궐北闕로 불린 경복궁은 1392년 조선이 건국된 후 1394년에 수도를 개경에서 한성으로 옮기면서 지어진 궁궐이다. 고려시대 3경 중 하나인 남경이 있던 자리에서 약간 남쪽으로 옮겨졌다.

경복궁은 1394년 12월부터 전국의 승려와 장정들을 동원해 공사를 시행한 끝에 이듬해인 1395년 9월 완공됐고, 그해 10월에 왕이 입궐했다. 경복궁에는 4개의 문이 있는데, 남쪽으로 정문인 광화문光化門, 북쪽에는 신무문神武門, 동쪽에는 건춘문建春門, 서쪽에는 영추문迎秋門을 각각 배치했다.

정전正殿인 근정전勤政殿은 국가의 중대한 의식을 거행한 경복궁의 중심 건물이다. 왕의 즉위식이나 신하들이 임금에게 예를 갖춰 인사를 드리는 조하朝賀, 외국 사신들의 접견 등 각종 의식이 이뤄졌다. 역대 국왕 가운데 정종·세종·단종·세조·예종·성종·중종·명종·선조 등이 이곳에서 즉위했다. 경복궁 안에 있는 여러 건물 가운데 특히 눈에 띄는 것은 경회루慶會樓다. 본래 태조 때에는 작은 누각에 불과했으나 태

근정전 전경

종 12년에 신축해 외국의 사신을 접대하는 연회장으로 사용했다.

궁궐의 건물들은 모두 나무를 이용해 건축됐기 때문에 화재에 취약했다. 실제로 명종 8년(1513) 9월에 경복궁 건물 일부가 화재로 소실됐다가 재건됐고, 이후 선조 25년(1592) 임진왜란 때 전쟁의 소용돌이 속에서 완전히 소실됐다. 그 후 270여 년간 경복궁은 황폐한 채로 방치됐다. 임진왜란 이후 역대 왕들은 경복궁 대신 창덕궁과 창경궁, 경희궁 등에서 생활했다.

그러던 중 고종 2년(1865)에 정권을 장악한 대원군 이하응李昰應이 왕실의 존엄을 높이기 위해 경복궁 중건 계획을 발표했다. 대원군은 조선시대 국가적인 건축공사를 관장하던 임시관청인 영건도감營建都監

경회루 야경

을 설치하고 경복궁 공사에 착수했다. 이때 조정에서는 찬반 의견이
서로 엇갈렸지만 대원군은 반대를 무릅쓰고 중건을 강행했다. 그리하
여 마침내 고종 9년(1872)에 건축·공예·미술의 결정체라고 할 수 있는
지금의 경복궁이 모습을 드러냈다.

　하지만 새로 지은 경복궁도 일제강점기를 거치면서 본래의 모습
을 잃어버렸다. 급기야는 경복궁의 정전인 근정전 앞에 조선총독부
건물이 들어서는 비운을 맞았다. 광복 이후에는 많은 복원을 거쳐 문
제가 있거나 불필요한 것을 줄이고 없애는 정리整理를 단행했고, 민족
정기 복원 차원에서 조선총독부 건물을 헐어내고 그 자리에 흥례문을
복원했다. 이후 경복궁의 남쪽 정문인 광화문은 도로건설 과정에서

약간 방향이 틀어지고, 경복궁 동남쪽 망루인 동십자각의 기점에서 볼 때 일부가 안으로 들어가 있어 새로 발굴을 거쳐 복원한 바 있다.

한국의 아름다움을 간직한 창덕궁

조선의 궁궐 가운데 유일하게 세계문화유산으로 지정된 창덕궁은 조선 초기 태종이 수도를 개경에서 한양으로 다시 옮기면서 건립한 것으로, 1405년^(태종 5)에 완공됐다. 물론 창덕궁의 모든 건물이 이때 완성된 것은 아니다. 정문인 돈화문은 1412년에 완공됐고, 궁궐에 부수적으로 있었던 여러 건물과 연못, 누각 등은 그 이후에 지속적으로 지어졌다.

처음에는 경복궁을 정궁으로 하고, 경복궁에 만일의 사태가 발생길 경우를 대비해 이궁의 용도로 창덕궁을 건립했다. 그러나 임진왜란 때 경복궁과 창덕궁, 창경궁이 모두 소실됐고, 1609년^(광해군 1)에 창덕궁은 복원됐지만 경복궁은 1876년^(고종 4)에야 복원됐다. 그 결과 조선 후기 약 300여 년간 창덕궁이 정궁의 역할을 대신했다. 역대 임금들은 창덕궁에서 정사를 돌봤다.

창덕궁 내의 각 건물 명칭은 세조 때 붙여진 이름들이다. 창덕궁은 크게 정전과 정문 등으로 이뤄진 외전外殿, 제사를 지내는 방인 정침正寢과 주변 전각들로 구성된 내전內殿, 그리고 건물 뒤편 정원인 후원後園으로 구분할 수 있다.

그중 외전에는 정문인 돈화문·진선문·인정문이 있고, 왕이 직접 국가의 각종 의식을 행하는 정전인 인정전과 편전인 선정전 등이 있다. 내전에는 왕이 머무르는 희정당과 왕비가 있는 대조전을 비롯해

창덕궁 전경

경훈각·성정각·징광루 등 수많은 건물들이 있다. 특히 내전 건물 뒤
경사진 곳에는 왕비를 위해 길게 다듬은 돌인 장대석長臺石으로 몇 개
의 단段을 설치하고 그곳에 각종 화초를 심어 꽃 계단인 화계花階를 만
들어 놓았다.

　창덕궁의 후원에는 큰 연못과 함께 부용정·주합루 등이 아름다운
자태로 남아 있다. 이외에도 영화당·기오헌·연경당·존덕정 등 다양한

건물들이 남아 있는데, 현존하는 건물 중 가장 오래된 것은 광해군 때 재건된 돈화문이고, 그 다음이 1647년(인조 25)에 지어진 선정전, 1745년(영조 21)에 세워진 인정문, 1804(순조 4)년에 세워진 인정전이다. 돈화문은 창경궁의 정문인 황화문과 함께 조선 중기 건축양식의 일단을 볼 수 있는 건물로 건축사적 가치가 높다.

창덕궁은 경복궁과는 사뭇 다른 형태로 자리 잡고 있다. 경복궁은 넓은 평지 위에 수직선으로 도식화되어 건설된 반면, 창덕궁은 산의 지세를 그대로 이용해 좌우의 형태로 자리 잡고 있다. 즉 궁의 서남쪽에 정문을 두고 다시 동북 방향에 정전을 꾸몄으며, 정전의 동쪽에 내전을 두고 그 뒤의 언덕 지형 조건을 그대로 잘 살려 후원을 조성했다.

이처럼 창덕궁은 자연 환경을 그대로 살리면서도 전통 궁궐건축의 미를 한껏 발휘한 점을 크게 인정받아 세계문화유산으로 등록됐다. 유네스코 세계위원회가 1997년 12월 3일 창덕궁을 세계문화유산으로 확정하면서 그 근거를 "동아시아 궁궐건축 및 정원 디자인의 뛰어난 원형으로 자연환경과 조화를 이룬 형식이 탁월하다"라고 한 점에서 분명하게 알 수 있다.

일제강점기에는 창덕궁 후원을 비원秘苑이라는 이름으로 널리 알려 오늘날까지도 창덕궁이 곧 비원인 것으로 착각하고 있는 사람들이 많다. 그러나 비원이라는 용어는 조선시대에는 거의 사용하지 않았으며, 1903년에 창덕궁 후원을 관장하는 기구로서 비원을 두었을 뿐이다. 일제가 비원이라는 용어를 널리 쓰도록 한 것은 한 나라의 궁궐로서 위엄 있는 곳이 아닌, 단지 놀면서 누구나 즐겨 찾던 놀이공원쯤으로 전락시키고자 한 것이다. 이곳의 정식 명칭은 창덕궁 후원으로 불

인정전 전경

러야 마땅하다.

　현재 창덕궁 안에는 문화재로 지정된 것이 많다. 창덕궁 자체가 국가지정문화재인 사적이고, 정문인 돈화문과 정전인 인정전은 국보 國寶이며, 인정문·선정전·희정당·대조전·구선원전은 보물寶物로 지정되어 있다. 그 외에도 나이가 700여 년인 향나무 한 그루와 600여 년 된 다래나무 한 그루가 천연기념물로 보호받고 있다.

비극의 상처를 품은 창경궁

창경궁은 고려시대 남경 건물이 있던 자리로 추정된다. 태조 때는 별 궁이라 불렀다. 이후 세종은 1418년(세종 즉위년) 아버지 태종을 위해 이

창경궁 전경

곳 창경궁 자리에 수강궁을 지었고, 성종이 1483년(성종 14) 수강궁 자리에 다시 건물을 증축하면서 궁궐 이름을 창경궁이라 했다. 궁궐 건물은 이듬해인 1484년에 완공되어 각 건물의 명칭이 붙여졌다. 경복궁을 북궐이라 하고 경희궁을 서궐이라 불렀듯이 창경궁도 창덕궁과 함께 동궐이라 불렀다. 임진왜란 이후 창덕궁이 법궁이 되면서 옆에 붙어 있는 이 궁궐도 많이 사용했다.

성종은 창경궁을 창건하고 세조의 비인 정희왕후 윤씨, 덕종의 비인 소혜왕후 한씨, 예종의 계비인 안순왕후 한씨를 이곳에 모셨다. 전체적인 건물의 규모는 창덕궁보다는 한 단계 낮은 형태로 만들었다. 정전인 명정전도 창덕궁 인정전보다 중요 건물 앞에 설치하는 섬돌인 월대月臺나 건물의 규모 면에서 상당히 축소됐다.

창경궁에서 탄생해 즉위한 왕은 경종·장조^(사도세자)·정조·순조·헌종이며, 이곳에서 승하한 왕은 중종^(환경전)·정조^(영춘헌)·소혜왕후·인현왕후 민씨·혜경궁 홍씨^(경춘전) 등이다. 또한 1762년 영조의 아들 사도세자가 뒤주에 갇혀 죽은 곳이 바로 창경궁이며, 숙종 때 장희빈이 인현왕후를 모함하는 기도를 올리다가 발각돼 죽은 곳도 이곳이다.

창경궁은 1592년 임진왜란으로 완전히 소실됐던 것을 1616년^(광해군 8) 광해군이 중건했다. 그러나 인조반정 이후 1624년^(인조 2) 이괄의 난이 발생하면서 반란군에 의해 통명전을 비롯한 대부분의 전각이 소실되는 비운을 겪었다. 인조는 광해군이 인왕산 아래에 지었던 인경궁 건물을 헐어 1633년^(인조 11) 창경궁을 복원하는데 사용했다. 그러다가 1830년^(순조 30) 큰 화재로 창경궁이 소실됐고, 1834년 다시 중건했으나 1873년^(고종 10)에 자경전이 소실됐다. 이처럼 창경궁은 여러 차례 화재로 소실과 중건을 반복하는 비운을 겪으며 유지되어 왔다.

창경궁이 본격적으로 파괴된 것은 일제강점기부터다. 1907년 이미 국운이 기울어간 이 시기에 일제는 강제로 순종의 거처를 창덕궁으로 옮기고, 순종을 위로한다는 명목 하에 창경궁의 물시계가 있던 자리에 동물원을, 과거시험을 치르던 춘당대^{春塘臺}에 식물원을 개설하는 공사를 시작했다. 그리고 1909년 11월 1일 동물원과 식물원을 개원하고 일반에 관람을 허용함으로써 창경궁은 궁궐로서의 위엄을 상실하게 됐다.

일제는 여기서 그치지 않고 1911년 창경궁에 일본 양식의 박물관을 짓고 유물을 전시했으며, 1922년 4월 26일에는 창경궁을 창경원으로 격하시키는 만행을 저질렀다. 과거의 궁궐을 동식물이 자리 잡고 있는 놀이터로 만들어 민족정기를 말살하고자 한 것이다. 또한 1912

동궐도

년에는 율곡로를 개설한다는 명목으로 창경궁과 창덕궁에서 종묘와
연결되는 능선을 잘라 풍수지리의 맥을 끊었으며, 1915년에는 창경
궁 자경전慈慶殿 터에 서고인 장서각藏書閣을 지어 황실도서관으로 만들
었다. 1922년에는 일본을 상징하는 수천그루의 벚나무를 수송해 창
경원에 심고 공원화했으며, 1924년부터는 공원의 야간공개를 시행해
'창경원 밤 벚꽃놀이'를 유도하는 등 철저하게 궁궐을 파괴했다. 그
흔적은 오늘날까지 남아 우리에게 마음의 상처를 안겨주고 있다.

　　해방 이후 우리 정부는 1963년 1월 18일 창경궁을 사적 제123호
로 지정했고, 1983년에는 창경원의 관람을 폐지하고 이듬해 창경원
의 명칭을 창경궁으로 환원했다. 또한 2차례에 걸쳐 창경궁 발굴 작
업과 함께 복원공사를 진행해 1986년 8월 일부 건물의 복원이 이뤄졌

다. 이러한 복원공사는 당시 아시안게임 개최를 앞두고 이뤄진 정책의 일환이었다. 이 당시 동물원에 있던 동물들은 서울대공원으로 옮겼고, 일제가 궁궐 내에 심었던 일본의 벚나무도 여의도 제방과 서울대공원으로 옮겨 식재했다.

창경궁의 주요 전각으로는 국가의 의례나 행사를 개최하던 명정전, 왕이 집무를 보던 문정전, 왕이 글을 읽으며 태학생을 불러 학문을 토론하고 주연을 베풀던 숭문당 등이 외전 공간에 위치하고 있다. 외전을 벗어나 내전으로 들어가면 바로 왕비나 세자빈 등이 머물면서 생활하던 환경전과 경춘전이 있는데, 이곳에서 정조와 헌종이 탄생했고 인현왕후 민씨 등이 승하했다.

창경궁 안쪽에 고요히 자리 잡은 통명전은 창경궁의 중궁전으로 왕비가 거주하던 곳이다. 경복궁의 교태전이나 창덕궁의 대조전, 경희궁의 회상전과 같이 용마루가 없으며, 월대를 갖추고 월등히 높은 위치에 있어 윗사람이 거주했던 건물임을 알려준다. 서쪽으로는 연못과 돌다리 및 괴석들이 자리하고 있고, 건물 뒤에는 화원이 있어 아름다운 조경을 연출하고 있다.

통명전에서 조금 언덕으로 올라가면 자경전 터가 있다. 정조가 왕이 되던 해 어머니 혜경궁 홍씨를 위해 건립한 건물로, 창경궁에서 가장 높은 통명전 위쪽에 지음으로써 어머니에 대한 예우를 표했다. 또한 자경전에서 정조의 아버지를 모신 사당인 경모궁景慕宮을 바로 바라볼 수 있도록 했다. 경모궁은 오늘날 서울대병원 자리로 지금은 건물 터만 남아 있다.

창경궁 안쪽으로 깊숙이 들어가면 아름다운 연못인 춘당지春塘池를 만날 수 있다. 두 개의 큰 연못 가운데 위쪽이 예부터 있던 연못이고, 아래쪽은 원래 논이었던 것을 일제가 연못으로 만든 것이다. 이 논은 조선시대에 왕이 직접 농사를 지어 소출되는 것을 관리들에게 나눠줌으로써 농사의 중요성을 일깨우고 백성들에게 모범을 보이던 장소였다.

2장

조선의 중심에 경복궁이 있다

270년간 폐허로 방치된 불길한 궁궐

오늘날 우리나라를 방문하는 외국인들이 가장 많이 찾는 곳 가운데 하나가 서울의 궁궐들이다. 우리 민족의 유구한 역사와 전통을 가장 직접적이고 시각적으로 보여주는 유산이 바로 궁궐들이니 이는 지극히 자연스런 현상일 것이다. 서울의 궁궐들 중에서도 경복궁과 창덕궁을 방문하는 관광객이 제일 많아서 이들 궁궐에서 외국인을 만나는 일은 이제 흔하디흔한 일상이 됐다.

현재 서울에는 경복궁을 비롯해 창덕궁·창경궁·경운궁(덕수궁)·경희궁 다섯 궁궐이 남아 있다. 이 가운데 경복궁은 조선왕조의 파란만장한 역사를 상징하는 대표적인 법궁法宮이다. 조선왕조가 한성에 도읍한 이듬해인 1395년에 처음 완성됐으니 600년의 역사를 간직한 서울의 대표적인 역사 유산이라고 할 것이다.

이처럼 조선왕조 최초의 궁궐로 조성된 경복궁은 그러나 200여 년이 지난 1592년에 일본인들이 일으킨 임진왜란 와중 불타버렸다. 그 후 역대 왕들은 경복궁을 불길한 궁궐이라 여겨 270년 동안이나 폐허로 방치했다.

그렇게 버려져 있던 경복궁은 1868년^(고종 5)에야 중건되는데, 이 대업을 주도한 이가 바로 둘째 아들 고종을 왕으로 옹립한 흥선대원군이다. 그렇다면 그는 왜 굳이 270년이나 폐허로 버려져 있던 경복궁을 다시 중건하려고 했을까?

흥선대원군은 왕손이었는데도 외척들의 등쌀에 목숨을 부지하기 어려울 정도로 불우한 시절을 보냈다. 그는 자신의 안위를 지키기 위해 시정잡배들과 어울리는 한편, 왕실의 최고 어른인 조대비^{趙大妃}와 깊이 교감하며 마침내 자신의 둘째 아들을 보위에 올리는 데 성공한 인물이었다. 그는 섭정이 되자마자 왕실의 권위를 높이기 위한 조치의 일환으로 경복궁 중건에 나섰고, 이는 그동안 안동김씨 일가가 독식해온 국가 권력의 주도권을 왕실로 되돌리고 싶어 한 조대비의 뜻이기도 했다.

흥선대원군이 경복궁을 다시 세운 이유

흥선대원군은 영건도감^{營建都監}을 설치하고 원납전^{願納錢}을 거둬들여 경복궁을 다시 세웠다. 그러나 이미 국가 재정이 바닥난 상태였기 때문에 이를 충당하기 위해 고액화폐인 당백전^{當百錢}을 발행했고, 결국에는 이를 남발해 심각한 부작용을 초래하기도 했다. 하지만 흥선대원군은 이런 어려움에도 불구하고 백성들로부터 막대한 세금과 부역을 징발했고, 마침내 1868년 7월 경복궁 중건을 끝냈다. 이로써 경복궁은 총면적 41만 9,100m²의 부지에 210채의 전각을 거느린 웅장한 대궐로 다시 부활했다.

궁궐 완공에 맞춰 고종은 대왕대비와 왕대비·대비 세 분을 모시고 창덕궁에서 경복궁으로 옮겨왔다. 그리하여 임진왜란 때 불타버렸던 경복궁은 270여 년 만에 다시 정치 무대의 중심이 됐다. 흥선대원군이 무리한 여건에도 불구하고 이처럼 경복궁 중건 공사를 진행한 것은 오랜 기간 이어져온 세도정치로 약화된 왕권을 회복하고, 실추된 왕실의 권위를 곧추세움으로써 나라의 기틀을 바로잡기 위한 것이었다.

흥선대원군 이하응 영정

운현궁 전경

　고종이 경복궁으로 이어한 후에도 국가 권력은 여전히 운현궁雲峴
宮의 흥선대원군이 행사하고 있었다. 경복궁과 창덕궁 사이에 자리한
운현궁은 흥선대원군의 사가私家로, 개혁정책을 입안하고 실천한 실
질적인 통치의 장이었다.

　고종은 태어나서 왕위에 오르기 전인 열두 살 때까지 이곳에서
살았다. 게다가 운현궁은 고종과 명성황후의 가례식嘉禮式이 거행된 경

사스러운 곳이기도 했다. 운현궁과 창덕궁 사이에는 고종이 왕래하는 경근문敬親門과 흥선대원군이 왕래하는 공근문恭親門이 별도로 설치돼 부자의 긴밀한 관계를 상징적으로 보여줬다. 흥선대원군 섭정 당시 운현궁 건물도 잇따라 대대적으로 보수되어 섭정으로서의 그의 권세를 유감없이 자랑했다.

흥선대원군은 10년간 실권을 행사하면서 세도정치를 타파하고 문벌당색門閥黨色을 초월해 인재를 두루 등용하는 등 개혁정치를 단행했다. 이러한 개혁정치는 백성들의 여망과 지지를 수렴해 실행한 것이다. 흥선대원군은 강력한 리더십을 바탕으로 병인양요와 신미양요 등 서양 열강의 침략에 맞서 이들을 격퇴했다. 조선 군대의 잇따른 승리는 흥선대원군의 성가를 한껏 드높였다.

흥선대원군은 1873년(고종 10) 고종이 직접 정치를 시작하면서 정계에서 물러나 양주 곧은골直谷에 은거했다. 이후 1882년 임오군란壬午軍亂을 계기로 다시 정계에 복귀했으나 이내 청나라 군대에 납치되는 신세가 됐다. 천진天津의 보정부保定府에 3년간이나 유폐되는 비참한 처지에 놓였다가 1885년에야 귀국했다. 흥선대원군은 조선왕조가 근대 세계와 만나 생존의 길을 모색하던 19세기 중반 이후 40여 년 동안 정치적 부침을 거듭하면서 굵은 족적을 남긴 풍운아였다.

일제강점기 경복궁 수난사

흥선대원군에 의해 어렵게 중건된 경복궁은 조선이 나라를 잃어버리면서 다시금 일본인들 손에 산산조각 파괴되는 운명을 맞았다. 1895년 일본군 등이 경복궁에 침입해 옥호루에서 명성황후를 시해하는 만행을 저지른 후, 고종이 다시 정무를 보기 위해 돌아온 곳은 경복궁이 아니라 경운궁이었다. 고종의 머릿속에는 경복궁이 불길한 궁궐이라는 인상이 강하게 남아 있었다. 그 후 십수 년 동안 고종은 경운궁에 거처했고, 그 사이 경복궁은 방치되어 점차 잡초가 무성한 퇴락한 궁궐로 변해갔다.

일본은 대한제국의 국권을 빼앗자마자 조선왕조의 권위를 상징하는 궁궐 파괴에 본격적으로 나섰다. 빈 궁궐로 남아 있던 경복궁이 첫 번째 대상이었다. 1911년부터 경복궁을 차지한 조선총독부는 1915년 9월 11일부터 10월 30일까지 50일 동안 경복궁에서 이른바 '시정5주년기념 조선물산공진회'를 열었다. 조선총독부가 조선에서 얼마나 선정을 베풀었는가를 선전하는 박람회였다. 조선총독부는 경복궁 안에 광대한 박람회장을 설치한다는 구실로 근정전 앞의 흥례문 일곽을 헐어버린 것을 비롯해 수많은 전각들을 헐고 그 부지를 파헤쳤다.

이때 철거된 경복궁 전각들의 목재와 초석 등은 일본인의 사원이나 민가를 짓는 데 사용됐다. 황태자의 거처였던 동궁東宮 자선당은 일본인 재벌 오쿠라 기하치로[大倉喜八郎]가 뜯어다가 동경 한복판 자기 집 정원에 복원하고, 조선관朝鮮館이라는 이름을 붙여 박물관으로 삼았다. 이 건물은 1923년 관동대진재 때 불타버렸고, 주춧돌만 남아 1995년 경복궁으로 돌아왔으나 이미 불을 먹어 쓸 수 없는 지경이 된 상태였다.

일본은 조선물산공진회가 끝난 직후 이 자리에 조선총독부 청사를 건립하기로 결정하고, 1916년에 공사를 시작해 1925년 준공했다. 조선물산공진회를 핑계로 경복궁 전각을 헐어버린 것은 처음부터 조선총독부 건물을 짓기 위한 사전 포석이었던 셈이다.

조선총독부 청사는 연면적 3만 1,700m²에 이르는 5층짜리 르네상스식 석조 건물이었다. 조선총독부 청사를 건립하는 과정에서 경복궁 내 전각 19채, 대문 및 중문 22개, 당우當宇 45개 등 늠름하고 아름다운 건물들이 또 파괴되거나 해체됐다. 심지어 경복궁의 정문인 광화문조차 조선총독부 청사 완공과 때를 같이해 다른 곳으로 옮겨졌다. 다른 민족에게 멸망당한 왕조의 궁궐은 이처럼 비참한 운명을 맞이할 수밖에 없었다.

아물지 못하는 광화문의 상처

조선총독부 청사가 완공된 후 그 앞에 놓인 광화문은 일본인들에게는 눈엣가시 같은 존재였다. 조선총독부는 광화문이 위풍당당한 총독부 청사의 시야를 가린다는 이유로 광화문을 아예 헐어버리려고 했다.

이에 맞서 일본의 문화인인 야나기 무네요시柳宗悅 등은 조선 건축 예술의 정수인 광화문을 헐어버리는 데 반대한다는 논설을 발표했다. 일본이 조선의 위대한 문화유산인 광화문을 훼철한다는 것은 우방을 위해서, 예술을 위해서, 역사를 위해서, 도시를 위해서, 특히 조선 민족을 위해서 해서는 안 될 일이라는 것이다. 《동아일보》 등 한국인이 발행하는 신문들도 가련한 처지에 놓인 광화문을 애도하는 기사를 실었다. 이에 당황한 일제는 광화문을 부숴 없애는 대신 경복궁 동쪽 담벼락 일각에 이를 옮겨 세웠다.

일제는 이번에는 옛 광화문 자리에 조선총독부 광장을 설치했다. 조선총독부는 이 광장에서 식민지 지배 정책을 선전하거나, 식민지

광복 직후의 경복궁

백성들을 동원하는 각종 옥외 행사 등을 거행했다. 이를 테면 중일전
쟁 이후 조선총독부가 많은 한국인들을 만주로 이주시킬 때 이곳에
한국인 간부들을 모아놓고 만주의 개척자가 되라고 다그치는 식이었
다. 이처럼 일본은 조선을 상징하는 경복궁을 집요하게 파괴하고, 또
이곳에 식민 통치를 위한 총독부 건물을 지음으로써 한국인의 자존심
을 여지없이 짓밟았다.

　1917년에는 창덕궁 내전 일대에 큰 불이 나서 대조전 등이 불타
는 사고가 발생했다. 일제는 조선총독부를 지을 때 헐어낸 경복궁 강
녕전과 교태전을 비롯한 10여 채 전당들의 목재를 옮겨다가 불타버
린 창덕궁 희정당과 대조전을 다시 짓는 데 사용했다. 대한제국의 마
지막 황제인 순종이 창덕궁에 머물고 있다는 핑계였다.

이어 1929년 조선총독부는 경복궁에서 대규모 조선박람회를 개최하면서 다시 건청궁 등의 전각을 다수 헐어버렸다. 건청궁은 명성황후가 일본군 등에 살해당할 때 고종이 거처하고 있던 비운의 장소이기도 했다. 조선총독부는 1939년 이곳에 미술관을 지었으며, 현재는 건청궁을 복원하여 옛 모습을 회복했다.

일제가 경복궁을 철저하게 훼손함으로써 해방될 때까지 살아남은 경복궁의 건물은 근정전과 경회루뿐이었다. 한때 수천 명이 생활하던 경복궁은 그렇게 폐허가 됐고, 해방 이후 지금까지 지속적으로 복원공사가 이뤄지고 있다. 하지만 이제 겨우 전체 궁궐의 일부만이 복원됐을 뿐이다.

이처럼 경복궁에는 아직도 일제 식민 지배의 상처가 짙게 남아 있다. 그런데 허황된 망상에 빠져 인근의 국가와 백성들을 한없는 도탄에 빠뜨리고 인류의 귀중한 문화유산을 철저히 파괴했던 일본의 군국주의자들이 최근 과거사를 반성하기는커녕 재무장을 서두르고 있다는 소식이 연일 매스컴을 장식하고 있다. 이들에게 역사를 직시하거나 반성하라고 주문하기 이전에 우리 스스로 경복궁에 새겨진 과거의 아픈 상처를 확인하러 나서보는 것은 어떨까. 진부한 말이지만 역사는 이를 기억하지 못하는 민족에게 되풀이되는 속성이 있다니 말이다.

3장

대한제국 고종황제의 꿈과 시련

명성황후와 임오군란과 창덕궁

1800년대 후반의 조선은 청나라, 일본, 러시아, 미국 등 열강의 틈바구니에서 그야말로 풍전등화와 같은 위기를 맞이하고 있었다. 이 시련의 시기를 맞아 국가를 이끌어간 인물이 고종이다.

고종은 1863년에 철종이 후사 없이 승하하자 12세의 어린 나이로 조선의 제26대 국왕이 됐다. 그를 등극시킨 주역은 아버지인 흥선대원군 이하응이다. 흥선대원군은 고종이 왕위에 오르고 10년 동안 실질적으로 조선을 지배한 인물이었다. 고종에게 영향력을 행사할 수 있었던 또 한 명의 인물은 그의 비인 명성황후였는데, 고종은 아버지 흥선대원군과 부인 명성황후 사이의 갈등과 반목, 세력다툼을 인내하면서 어렵게 나라를 이끌어야 했다.

1873년 11월 드디어 흥선대원군이 권좌에서 물러나고 고종이 친정을 시작했다. 이때부터 권력은 명성황후와 그 일족인 민승호, 민겸호, 민태호로 대표되는 민씨 일문에게 넘어갔다.

민씨 일파의 권력 장악 이후 조선 정부는 군사력을 강화하기 위해 일본군 장교가 지휘하는 신식군대를 창설하고 이들을 우대하는 정책을 추진했다. 반면에 구식군대는 정해진 녹봉조차 몇 달씩 밀려서 받고, 그나마도 쌀이 절반 넘게 썩어있거나 겨와 모래가 섞여 있는 등 처우가 매우 형편없었다. 이에 격분한 구식군대는 1882년 7월 봉기해 녹봉미를 관장하는 민씨 세력의 거물 민겸호 등을 살해하고, 포도청과 전옥서 등을 습격했다.

흥선대원군의 은밀한 지원을 받은 구식군대는 서대문 밖에 있던 일본공사관도 습격했다. 이 사건이 임오군란壬午軍亂이다. 반란 세력은 민씨 일족의 주요 인물들을 잇달아 살해하고 명성황후가 거처하던 창덕궁까지 습격했다. 명성황후는 상궁으로 변복하고 겨우 창덕궁을 탈출해 장호원에 있는 민응식의 집으로 피신했다.

사태가 이 지경에 이르자 고종은 흥선대원군을 불러 사태 수습의 전권을 위임했다. 다시 정권을 잡은 흥선대원군은 명성황후가 살해된 것으로 단정하고 국상을 공포하는 한편, 정부 조직을 구체제로 되돌리고 보수 세력을 요직에 기용해 자신의 권력을 강화하기 시작했다.

민씨 세력은 이에 맞서 청나라에 구원을 요청했다. 한성에 도착한 청군은 1882년 8월 흥선대원군을 납치해

고종 어진

천진의 보정부保定府에 연금했다. 이로써 임오군란은 한 달여 만에 막을 내렸다. 명성황후는 다시 궁궐로 돌아와 권력을 장악했고, 흥선대원군 납치라는 무리수까지 두면서 명성황후에게 권력을 안겨준 청나라는 이후 조선의 정치와 외교 문제에 더욱 적극적으로 개입하기 시작했다.

3일 천하로 끝난 갑신정변

1870년대 중반 이후 한성에서는 개화사상을 지닌 젊은 양반들이 하나의 정치세력을 형성하고 있었다. 김윤식, 김옥균, 박영효, 유길준, 서광범 등이 대표적인 인물들로, 이들은 관직에 진출해 개화정책을 추진할 입지도 마련하고 있었다. 그러나 임오군란을 계기로 청의 간섭이 강화되고 개화정책은 후퇴했다.

1884년 이들에게 다시 기회가 찾아왔다. 그 당시 청나라는 인도차이나의 지배권을 둘러싸고 프랑스와 전쟁을 벌였다가 패했다. 급진적인 개화를 주장하던 일부 개화파는 청나라 세력을 조선에서 몰아내고 개혁을 단행할 호기라고 판단하고 일본의 지원을 받아 12월 4일 우정국 낙성식을 기해 갑신정변甲申政變을 일으켰다.

쿠데타 세력은 밤 10시경 우정국 북쪽에 있는 민가에 불을 지르고, 놀라서 우정국 밖으로 뛰쳐나온 민씨 세력의 주요 인사를 살상했다. 그리고 창덕궁에 있던 고종을 경우궁으로 모셔 일본군의 보호를 받게 했다. 이어 갑신정변 주도 세력은 청군의 공격을 막기에 유리한 계동궁으로 고종의 거처를 옮기고, 곧바로 왕실 인물들을 중심으로 새로운 정권을 수립했다.

감신정변의 현장 우정총국

창덕궁으로 돌아온 고종과 쿠데타 세력은 다음날 혁신정강^{革新政綱}과 대정유신^{大政維新}의 조서를 반포했다. 문벌을 폐지하고, 인민평등권을 제정하며, 지조법을 개혁하고, 국가재정을 건전하게 운영하겠다는 것이 주된 내용이었다. 이들은 양반 중심의 신분질서를 타파하고, 만민의 평등과 자유를 보장하는 부국강병의 자주독립 국가를 희망했다.

하지만 이에 반발하는 청군의 공격으로 갑신정변은 삼일천하로

옥호루

막을 내렸다. 쿠데타 세력은 민중의 지지를 이끌어내지 못했고, 일본도 쿠데타 세력을 지원하겠다던 약속을 지키지 않았다. 한편, 청나라와 일본은 조선에서 유사한 사건이 또 발생할 경우를 상정하고 천진조약을 체결했다. 조선에 군대를 파병할 경우 서로 미리 알린다는 내용이었다.

건청궁 곤녕전 옥호루의 비극

갑신정변 후 약 10년이 지난 1894년 4월에는 동학농민군이 봉기했다. 이들이 서울을 향해 북상하려는 기세를 보이자 조선 정부는 그 진압을 위해 청에 원병을 요청했다. 청나라는 이에 호응해 아산만의 풍도 앞바다를 거쳐 군대를 파견했다. 조선에서의 영향력이 청에 밀리고 있던 일본은 전세를 뒤집을 절호의 기회로 판단하고, 10년 전에 청과 맺은 천진조약을 근거로 내세워 인천과 서울 지역에 청보다 더 많은 군대를 파견했다.

이렇게 조선에 들어온 청나라와 일본의 군대는 잦은 충돌을 빚더니 급기야 본격적인 전쟁을 벌였고^(청일전쟁), 승자가 된 일본은 중국을 누르고 동아시아의 새로운 패자로 급부상했다. 청일전쟁에서 승리한 일본은 정계의 거물 이노우에 가오루[井上馨]를 공사로 파견해 조선 내정에 더욱 깊숙이 간여하기 시작했다. 당시 조선 정부는 내각을 개편하고 200여 개의 법령을 발포하는 등 정치·경제·사회·문화 모든 부문에 걸쳐 대대적인 개혁을 추진하고 있었다. 이노우에는 이런 개혁정치에 편승해 조선에 일본 세력을 심으려고 안간힘을 썼다.

그러나 1895년 5월의 삼국간섭 이후 조선에서 일본의 위신은 급격히 추락했다. 당시 일본은 청일전쟁의 승리로 중국의 랴오둥반도를 장악했는데, 만주로의 진출을 꾀하고 있던 러시아로서는 위기감을 느끼지 않을 수 없었다. 이에 러시아·프랑스·독일 3국이 이 문제에 간섭하며 랴오둥반도를 중국에 반환하도록 압박했다. 힘의 열세를 느낀 일본은 랴오둥반도를 반환했고, 러시아에 품은 불만은 갈수록 커져 또 하나의 어두운 역사인 러일전쟁을 잉태했다.

러시아 공사관

　　이처럼 3국 간섭으로 일본의 위신이 추락하는 상황을 지켜보던 조선 정부는 김홍집 내각을 출범시켜 민씨 세력의 인물을 다시 등용하고, 제3국이던 러시아 세력을 끌어들여 독자의 길을 모색해 나갔다. 이 시기에 이노우에 공사의 후임으로 미우라 고로[三浦梧樓]가 부임했다. 그는 일본 세력의 퇴조를 만회하기 위해서는 최대의 걸림돌인 명성황후를 제거하는 것이 상책이라고 판단했다. 이것이 바로 명성황후 시해사건, 곧 을미사변乙未事變의 발단이었다.

　　1895년 10월 8일 새벽, 일본군 등은 고종과 명성황후가 머무는 경복궁 내 건청궁을 습격했다. 미국인 군사교관 다이(Dye)가 지휘하는 시위대가 이를 저지하려 했으나 실패했다. 건청궁에 다다른 일본군 등은 고종과 세자를 위협했고, 이를 저지하려던 궁내부 대신 이경식을 살해했다. 그리고 방마다 샅샅이 뒤져 곤녕전 옥호루에서 명성

황후를 찾아내 살해하고, 그 유해를 연못에 던졌다가 다시 끌어내어
건청궁 뒤편 정원의 소나무 숲에서 불태웠다.

비운의 경복궁과 대한제국의 경운궁

명성황후가 일본군 등에 살해된 이후 고종은 일본 세력에 포위된 채
경복궁에서 사실상 유폐생활을 했다. 그는 자신도 언제 암살당할지
모른다는 불안에 떨었다. 그러던 중 고종은 한성의 수비대가 의병을
진압하기 위해 지방으로 많이 이동한 틈을 타 경복궁을 탈출했다.

1896년 2월 11일 새벽, 고종과 세자는 궁녀들이 타는 가마에 몸

아관파천 후 고종이 기거한 경운궁(덕수궁)

을 감추고 경복궁을 빠져나와 정동에 있던 러시아공사관으로 피신했다. 이를 아관파천이라 부른다. 조선에서 일본 세력에 밀리고 있던 러시아는 고종의 이어移御를 크게 환영했다.

고종은 1년 여 동안 러시아공사관에 기거하면서 러시아와 미국에 가까운 인사들로 새 내각을 조직했다. 이 당시 고종은 조선에서 일본 세력이 퍼져나가는 것을 저지하는 한편 서양문물을 도입하는 데 앞장섰다. 그러나 서재필 등이 한성에서 조직한 독립협회 등은 고종이 러시아공사관에 머무는 것은 자주국가의 체면을 손상시키는 행위라 하여 비판운동을 전개했다. 이에 고종은 1897년 2월 20일에 경운궁으로 이어했다. 왕비가 살해된 경복궁으로 다시 돌아가는 것은 생각조차 할 수 없었다.

독립협회를 비롯한 관리와 유생들은 경운궁에 거주하는 고종에게 독자적인 연호를 제정하고 황제에 오를 것을 요청했다. 고종은 여론을 받아들여 연호를 광무光武, 국호를 대한제국으로 정하고 1897년 10월 12일 문무백관을 거느리고 제단인 환구단에 나아가 천신에게 고제告祭를 올린 후 대한제국 초대 황제로 즉위했다.

황제가 된 고종은 대한제국이 근대국가로 나아가기 위한 개혁정책을 잇달아 단행했다. 교육과 산업을 육성하고, 서울의 도로와 건물을 개수하며, 전기·전차·전화·철도 등 근대문명의 이기를 활발히 도입했다. 이러한 근대문물의 활용은 서울 사람들의 생활양식과 세계관을 크게 바꿨다.

그러나 고종의 개혁은 주체 세력이 미약하고 일본 등 외국 세력의 간섭이 심해 근대국가의 수립으로까지는 진행되지 못했다. 일제는 대한제국을 폐멸한 후 환구단을 헐어버리고 그 자리에 철도호텔을 지었다. 그것은 마치 고종과 대한제국이 벌인 자강개혁의 흔적을 지워 버리는 듯했다. 지금 서울 한복판 웨스틴 조선호텔 후원에는 황궁우와 석고 등 환구단 부속시설이 옛 모습 그대로 있다. 거기 고종이 꾸던 새로운 꿈과 좌절의 상처 또한 그대로 남아 있다.

* 이 장은《시민을 위한 서울역사 2000년》에 실린 정재정 선생님의 글을 기반으로 작성했음을 밝힌다.

4장

궁궐 사람들은 어떻게 살았을까

I

구중궁궐 여인들, 후궁과 상궁

2017년 새로운 대통령이 취임할 당시 누가 대통령과 함께 청와대에 들어갈 것인지를 두고 국민들의 이목이 집중됐다. 이와 동시에 전직 대통령에 대한 무수한 보도를 마주하며 많은 사람들이 외부와 단절된 청와대 안에서 대통령과 그 측근들은 과연 어떤 일상을 보내는지 궁금해 했다. 어디에서 자고 무엇을 먹으며 소일을 하는지 궁금한 것이다. 이런 궁금증은 조선시대의 백성들이라고 해서 크게 다르지 않았다. 그렇다면 실제로 조선시대의 궁궐에서는 어떤 사람들이 모여 어떤 일을 하고 어떤 일상을 보냈을까?

조선시대 궁궐은 하루 유동인구가 최대 3천 명에 달했다. 물론 그 중심에 선 인물은 왕과 왕비였다. 여기에 왕의 가족들과 이들을 보좌하기 위한 궁녀 및 내시 등이 궁에서 함께 생활했다. 또 궁궐 안에도 정부의 일을 담당하는 각 관청이 있었는데 이를 궐내각사闕內各司라 불렀다. 오늘날의 청와대 비서실을 생각하면 되겠다. 궐내각사에는 관리들이 배치되어 낮에 업무를 보고 밤에 숙직도 했다. 이외에 궁궐을 지키는 군인들이 있었고, 궁궐 안의 의식주를 책임지는 사람들이 있었으며, 허드렛일을 담당하는 사람들에 이르기까지 다양한 사람들이 뒤섞여 살고 있었다.

궁궐 안에 사는 사람의 절반인 여인들은 크게 내명부內命婦와 외명부外命婦로 나뉜다. 다만 왕비나 대비·세자빈 등은 여기에 포함되지 않는다.

내명부는 왕의 후궁들로 내관內官이라 했고, 1품인 빈嬪부터 4품인 숙원淑媛에 이르기까지 직급이 나뉘어 있었다. 그리고 이들을 보필하고 궁중의 모든 일을 분담해 처리하는 정5품 이하의 상궁尙宮들이 있었다. 후궁들은 종친의 잔치나 왕비의 친잠례親蠶禮에 참여하고, 때로는 왕비의 소생을 양육하기도 했다. 왕의 총애와 공로에 따라 예우를

상궁과 내시

받았으며, 그것이 친족들에게도 영향을 미쳤다.

외명부는 왕의 유모, 왕비의 어머니, 왕과 왕세자의 딸, 종친의 처, 문무백관의 처 등이다. 이들은 궁궐에 출입할 자격을 지니고 있었다. 왕의 유모인 대전유모를 제외하고는 대부분 아버지와 남편의 신분과 관직에 상응하는 봉작을 받았는데, 공주·옹주·부부인·정경부인 등이 외명부에 속하는 이름들이다.

내명부와 외명부 다음으로 궁궐 안에서 지체 높은 여인은 상궁들이다. 상궁은 왕비를 인도하고, 궁궐 안에서 문서와 장부의 출입 등 중대한 임무를 수행했다. 이들은 요즘으로 치자면 나라에서 월급을 받는 여성 직업인이었다. 먹고 사는 것은 궁에서 해결했으므로 월급으로 부모나 친인척에게 상당한 도움을 줄 수 있었다. 따라서 딸을 상궁으로 보내기 위해 노력하는 사람들도 적지 않았다. 상궁 중에는 왕의 총애를 받아 후궁으로 올라가는 사례도 있었지만 대부분은 죽을 때가 되면 궁궐에서 물러나 비구니 생활을 했다.

상궁들 중에서 가장 품계가 높은 상궁은 왕의 명령을 받들고 내전의 재산을 관리하던 제조상궁提調尙宮이었다. 다음으로 아리꼬[阿里庫] 상궁으로도 불리는 부제조상궁이 내전의 창고 물품을 관리했으며, 지밀상궁으로도 불렸던 대령상궁待令尙宮은 왕의 측근에서 항상 그림자처럼 붙어 다니면서 시위侍衛를 담당했다. 상궁 중에는 임금 자녀의 양육을 담당하는 보모상궁保姆尙宮이나, 궁녀들의 잘잘못에 따라 상이나 벌을 주는 감찰상궁監察尙宮 등이 있고, 그 아래에는 요리와 청소, 막일 등을 담당하는 나인[內人]들이 있었다.

권력의 최측근, 왕의 남자 내시

내명부가 주로 궁궐에서 평생을 사는 여인들이었다면, 왕의 측근에서 왕을 모시는 남성들로 내시內侍가 있었다. 이들은 궁에 머물면서 왕이 먹는 각종 음식을 감독하는 일, 왕의 명령을 각 부서에 전달하는 일, 궐문을 수직하고 청소하는 일 등을 담당했다. 내시부의 정원은 140명이고, 내시 전체를 통솔하는 사람은 종2품의 상선尙膳이었다.

내시는 궁궐 내에 항시 거주하며 생활하는 장번내시長番內侍와, 궁궐 밖에서 생활하면서 아침저녁으로 출퇴근하는 출입번내시出入番內侍가 있었다. 출입번내시들은 오늘날 경복궁 옆인 종로구 효자동 일대와 창덕궁 앞 봉익동 일대에 집단 거주했다. 언제라도 왕이 부르면 달려가야 하는 입장이었기 때문에 궁궐 가까이에 살았던 것이다.

은평구 진관동의 내시묘역

내시들은 관리로서의 자질 향상을 위해 매달 교육을 받았고 때때로 시험을 치렀다. 시험 성적은 매년 네 차례의 근무평가에 반영돼 승진 또는 좌천이 결정됐다. 이들은 궐내에 상주해야 하는 특수성 때문에 남성의 상징을 제거해야만 임명될 수 있었다. 하지만 반대급부로 왕의 최측근으로 생활했기에 같은 신분의 남성들에겐 하늘의 별 따기 같은 권력을 누릴 수 있었다. 후손을 생산할 수 없었던 내시들은 양자를 들이는 방법으로 가계를 이어나갔으며, 지금도 서울 은평구와 도봉구, 노원구 등지에 내시들의 무덤이 남아있다.

조선 최고의 명품, 왕실 의복

조선의 왕실문화는 당대 최고의 고급문화를 표방하고 있다. 최고 통치자와 그 가족들을 포함한 왕족들이 먹고 입고 즐기는데 필요한 모든 요소들은 조선 최고의 장인匠人들에 의해 만들어졌다.

왕실의 복식문화는 매우 화려한 것이 특징이다. 그러면서도 절제의 미학을 보여주는 것이 조선왕실 복식문화의 특색이다. 일반 서민들은 주로 무명옷을 입었지만, 왕실은 상의원尙衣院에서 만든 비단옷을 입었다. 옷감이나 염료는 최상품을 사용했으며, 옷을 만드는 일 역시 나라에서 가장 뛰어난 장인에게 맡겼다. 최고의 옷감에 수놓은 각종 디자인은 가장 한국적인 품위와 섬세함을 보여주고 있다. 의복에 부수적으로 동반되는 비녀 등 각종 장신구들도 매우 섬세하고 우아하게 표현된 최고의 명품들이었다.

왕의 의복은 때와 장소에 따라 달랐는데, 먼저 즉위식이나 혼인식, 종묘·사직의 제례, 중국 사신 접견 등 국가의 중대한 의식에는 면

익선관과 곤룡포

류관冕旒冠과 구장복九章服을 입었다. 신하들의 조회, 일본·여진·유구 등
의 사신 접견에는 원유관遠遊冠과 강사포絳紗袍를 입었다. 편전에서 신
하들과 함께 국정을 의논할 때는 익선관翼善冠과 곤룡포袞龍袍를 입었
다. 이중에서 왕이 평상시에 근무복으로 가장 많이 입던 옷은 익선관
과 곤룡포다.

　왕비의 의복은 왕의 그것보다 더욱 화려하면서 아름다움을 더했

다. 왕비가 입는 최고의 의복은 적의翟衣였는데, 오색실로 수를 놓고 테두리에 금가루를 뿌려 장식한 꿩 무늬의 의복이다. 이런 적의는 국가의 각종 의례와 연회 때 입었다. 여기에 화려한 문양을 조각한 비녀와 각종 머리장식이 더해졌으며, 이로써 조선시대 왕비의 복식은 그 권위를 드러내는 동시에 예술적 아름다움의 최고봉을 보여주기에 충분한 수준에 도달했다.

조선 최고의 손맛, 왕실 음식

왕실의 음식은 최고의 미각을 자랑하는 솜씨 있는 요리사들에 의해 매우 정갈하고 우아하며 맛깔스럽게 차려졌다. 왕과 왕비가 먹는 궁중음식은 전국에서 공수되는 최고의 재료들로 최고의 요리사들에 의해 만들어졌다.

조선시대 임금의 수라상水剌床은 접시 열두 개에 반찬을 담아 차리는 12첩 반상을 기준으로 했다. 밥과 국과 기본 밑반찬을 제외하고 열두 가지 반찬을 더 올렸는데, 이런 12첩 반상은 왕과 왕비만이 받을 수 있었다. 하지만 왕에 따라 검소한 밥상을 고집하는 사람도 있었고, 국가에 큰 재앙이나 자연재해가 일어났을 때는 반찬 수를 줄여 스스로 경계하는 모습을 보이기도 했다. 신하들의 경우 9첩 반상 이하만 가능했다.

왕의 음식을 만드는 일은 수라간의 생과방生果房과 소주방燒廚房에서 담당했다. 생과방은 주로 찬 음식을, 소주방은 더운 음식을 담당했다. 모든 음식은 최고 제품으로 만든 은그릇에 담겨 상에 올랐고, 왕의 수저도 은으로 만들었다.

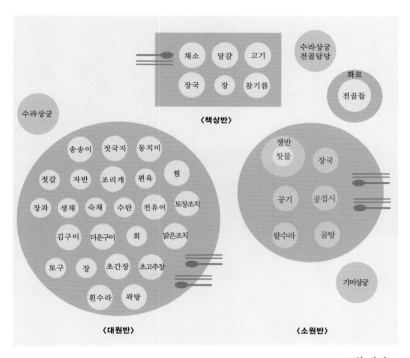

〈책상반〉

채소 달걀 고기
장국 장 참기름

수라상궁
전골담당

화로
전골들

수라상궁

〈대원반〉

송송이 젓국지 동치미
젓갈 자반 조리개 편육 찜
장과 생채 숙채 수란 전유어 토장조치
김구이 더운구이 회 맑은조치
토구 장 초간장 초고추장
흰수라 곽탕

〈소원반〉

쟁반
찻물 장국
공기 공접시
팥수라 곰탕

기미상궁

12첩 반상도

　왕이 식사를 할 때는 음식에 독이 들어갔는지 확인하는 기미상궁과, 음식 시중을 드는 수라상궁이 자리를 함께 했다. 기미상궁이 먼저 음식을 맛보아 검사했고, 이상이 없으면 그때부터 왕이 음식을 들었다.
　한때 TV에서 드라마 '대장금'이 인기리에 방영되면서 국내외에 조선의 왕실 음식을 널리 알리는 계기가 됐다. 조선시대 왕의 수라상에 오른 음식들을 재현한 궁중음식은 서울을 찾는 외국인에게 한국 최고의 음식으로 소개되면서 한류문화의 한 장을 장식하고 있기도 하다.

강녕전

교태전

아미산

왕과 왕비의 침실, 강녕전과 교태전

왕실의 주거 공간은 궁궐이다. 궁궐 안에서도 국왕과 왕비의 생활공간은 따로 있었다. 경복궁의 경우 왕이 국정을 수행하는 공간 이외에, 편안하게 쉴 수 있는 침전으로 강녕전康寧殿이 있다. 왕의 건강을 기원한다는 의미가 담겼다. 인근에는 연생전延生殿과 경성전慶成殿 등 보조 건물을 두어 국왕이 편의에 따라 사람을 만날 수 있게 했다.

경복궁에서 왕비를 위한 내전의 중심 건물은 교태전交泰殿이다. 창덕궁의 대조전大造殿, 경희궁의 회상전會祥殿, 경운궁의 함녕전咸寧殿 등이 같은 용도로 사용됐다. 특히 왕비의 내전에는 여인들을 위해 건물 뒤에 작은 후원도 꾸며놓았다. 꽃 계단과 각종 무늬를 수놓은 굴뚝을 장식하고, 여인들이 함께 뛰어놀 수 있는 공간을 조성했다. 구중궁궐에 갇혀 지내면서 바깥출입이 자유롭지 못했던 왕비와 궁녀들에게 여가를 즐길 수 있도록 배려한 공간구성이다. 경복궁 교태전 후원에 꾸며진 아미산蛾眉山과 자경전慈慶殿 뒤의 십장생굴뚝 공간 등이 대표적인데, 모두 감탄이 절로 나오는 품격과 아름다움을 보여주고 있다.

이상에서 본 것처럼 조선시대 궁궐의 의식주와 생활문화는 예술의 경지에 이르지 않은 것이 없을 정도로 하나같이 뛰어난 품격을 보여주고 있다. 이러한 조선 왕실 사람들의 생활문화는 하늘이 내린 솜씨를 지닌 장인들에 의해 이뤄진 것으로, 당대 최고 수준의 예술적 안목과 기술, 과학과 철학이 집대성된 것이었다.

제3부

한성에서

공무원으로 산다는 것

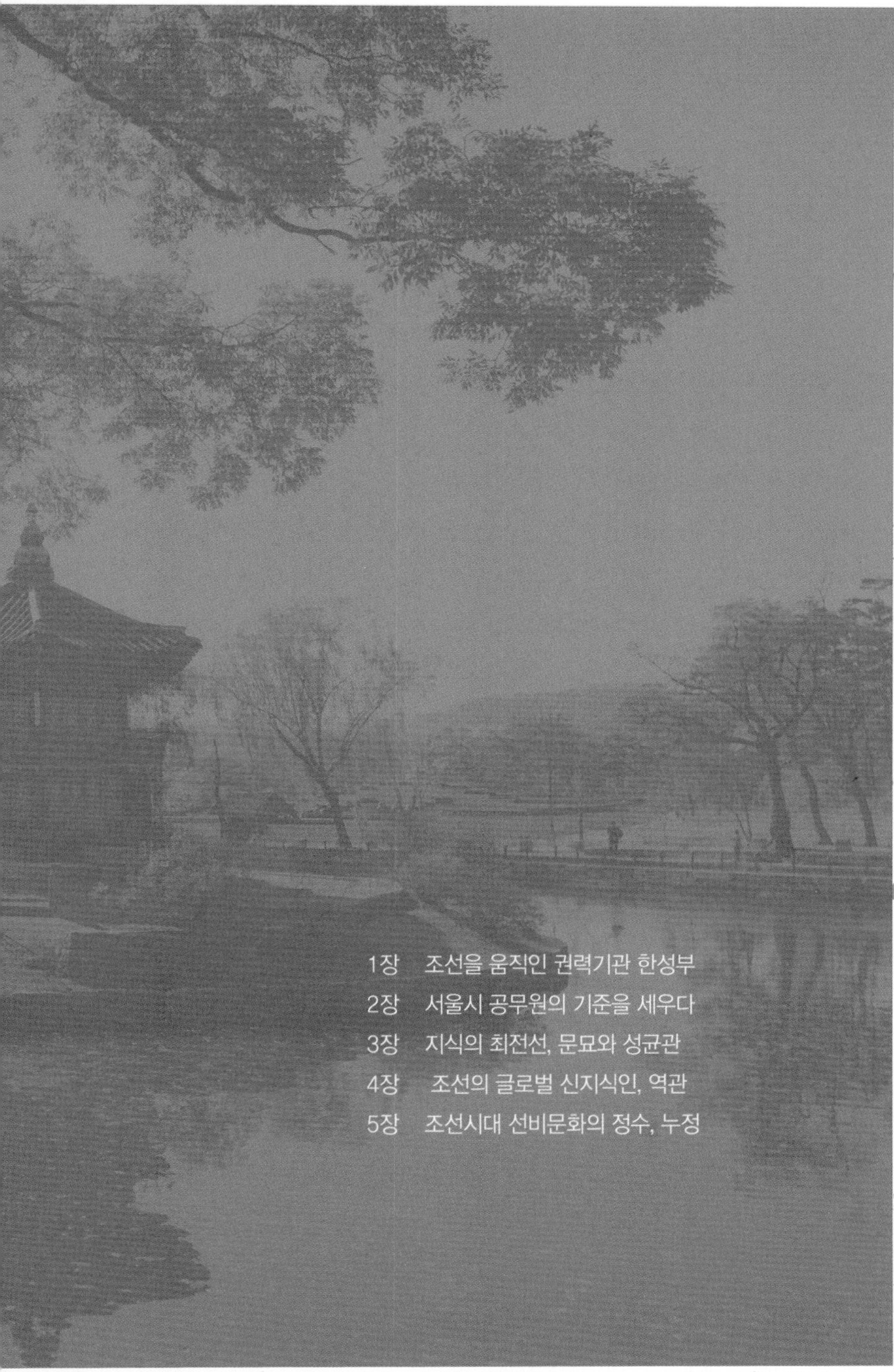

1장

조선을 움직인 권력기관 한성부

성리학 정치철학 담은 한성부 행정체제

한성부는 조선의 수도이자 도성 안팎을 관할하는 행정 관아였다. 따라서 그 성격은 오늘날 서울특별시와 같다. 한성부의 직제는 기본적으로 고려시대 개성부 직제를 바탕으로 했으며, 시간이 지남에 따라 인적·물적 규모가 확대되면서 그 틀이 잡혔다.

조선 개국 직후 한양부의 직제는 고려시대 개성부를 답습해 판사判事 2명, 윤尹 2명, 소윤小尹 2명, 판관判官 2명, 참군參軍 2명으로 도합 10명의 관리를 두고, 이들이 중심이 되어 대 정부 및 대민 행정을 담당했다. 그러나 한양부가 한성부로 개칭된 이후부터는 관직명을 약간 바꿔서 판사를 판부사判府事로 부르다가 예종 때에는 판윤判尹으로 하고, 윤 2명도 좌윤과 우윤으로 구분했다. 소윤 대신 서윤庶尹을 두고, 참군도 1명을 증원해 3명으로 늘렸다.

이후 조선왕조 체제가 정비되고 행정질서가 확립되면서 한성부 직제는《경국대전》체제로 정비되었다.《경국대전》에는 판윤 1명(정2품), 좌·우윤 각 1명(종2품), 서윤 1명(종4품), 판관 2명(종5품), 참군 3명(종7품)으로 되어 있는데, 이는 숙종 때까지 그대로 지켜졌다. 이러한 한성

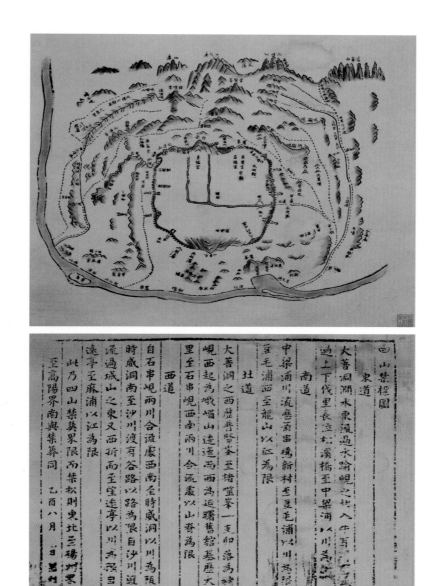

한성부의 경계를 표시한 사산금표도

부의 직제는 영조 때에 이예직吏隷職으로 대폭 보강돼 업무의 능률을 꾀했다. 영조 40년(1764)에 이속서리吏屬胥吏 41명, 서사書寫 1명, 서원書員 11명, 사령使令 30명을 두었다.

한성부의 관할구역은 도성 안과 성저십리城底十里 지역이었다. 즉 북악·인왕산·남산·낙산을 연결하는 약 18킬로미터의 도성 내부 지역과 도성으로부터 사방 10리에 이르는 영역을 관할했다. 성저십리라 하면 동쪽으로는 중랑천, 서쪽으로는 양화나루와 불광천, 남쪽으로는 한강에 이르는 지역이다. 이러한 관할구역은 1895년 갑오개혁으로 행정구역이 개편될 때까지 변함이 없었다.

한성부의 직제는 고종 때 수차례 변동을 겪다가 1894년 갑오개혁 때에는 좌·우윤이 없어지고 판관判官과 주부主簿가 주사主事로 개편됐다. 그러나 무엇보다 한성부가 크게 손상을 보게 된 것은 칙령 제98호(1895. 5. 26)에 따라 조선의 8도제가 폐지되고, 전국이 23부府 337군郡으로 개편될 때 한성부가 한성군으로 격하된 것이다.

이때 한성군은 양주군·광주군·적성군·포천군·영평군·가평군·연천군·고양군·파주군·교하군 등 11개 군을 관할하는 관부로 삼았다. 그러나 1907년에는 다시 지방의 행정구획과 제도를 고쳐 전국을 13도 339군으로 하고, 각 도의 장관을 관찰사로 명했다. 이때 한성군은 다시 한성부로 환원됐고, 한성부의 관직도 바뀌어 판윤 1명, 소윤 1명, 주사 5명, 서기 4명, 사령 6명, 청사 4명, 사동 2명을 두게 됐다.

오늘날 서울특별시가 25개 구로 나뉘어 행정을 담당하듯이, 한성부도 관할구역을 다스리기 위해 전체를 방향에 따라 중부·동부·서부·북부·남부 등 5개의 부部로 나눴다. 그리고 부 밑에는 52개 방坊을 두어 행정의 효율을 꾀했다. 당시의 부는 오늘날 구와 같은 개념이고,

52개의 방은 법정 동 정도가 될
것이다.

　이들 행정구역의 이름을 지
을 때는 성리학적 관점에서 유
교의 덕목과 실천 내용을 담고
있는 단어, 국가의 평안함을 기
원하는 말, 인간 교화와 선행을
담고 있는 용어 등을 사용했다.
수신제가치국평천하修身齊家治國
平天下라는 성리학의 정치철학을
담은 것이다.

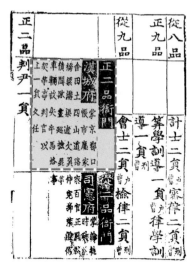

《경국대전》한성부조

　오늘날의 구區에 해당하는
오부五部의 직제는 건국 초에는
그 장長을 영令이라 하고, 하급관원으로 녹사錄事(종7품) 2명을 두었다.
그리고《경국대전》에는 오부의 장에 주부主簿(종6품)를 두고 그 아래에
참봉參奉 2명을 둔다고 규정했다. 영조 18년(1742)에는 주부를 도사都
事로, 참봉을 봉사奉事로 개칭했다가, 정조 16년(1792)에는 다시 도사를
영令으로 환원하고 봉사를 도사로 개칭했다. 또한 이속吏屬으로 서원書
員 4명, 사령使令 8명, 대청직大廳直 1명, 군사軍士 2명을 두었다.

조선판 서울시장 한성판윤의 재발견

조선시대 한성부의 최고책임자는 한성부 판윤判尹이다. 처음에는 판부
사判府事·판사判事로 불리다가 판윤으로 굳어졌다. 오늘날의 서울특별

시장이다.

　그리고 판윤 아래에는 좌윤左尹과 우윤右尹이 한 명씩 있어 판윤을 보좌했다. 이들은 오늘날 서울특별시 부시장에 해당하는 직급이다. 그 밖에 양반 관료인 서윤庶尹 1명, 판관判官 2명, 참군參軍 3명을 두었다. 품계로 보면 한성판윤은 정2품으로 오늘날 장관급이며, 좌윤과 우윤은 종2품, 서윤은 종4품, 판관은 종5품, 참군은 종7품이었다. 그리고 직접적인 행정 실무는 서리胥吏와 아전들이 담당하였고, 잡역에 종사하는 도예徒隷가 있었다.

　한성부 판윤은 조선 초기부터 외관직(지방관직)이 아닌 경관직(중앙관직)으로서 정2품아문에 속했는데, 이것은 종2품아문인 각도의 관찰사보다 높은 벼슬이었다. 한성부판윤은 조선시대에 '정승이 되기 전 반드시 거쳐야 하는 벼슬'로 통할 만큼 당파 간 경쟁이 치열한 관직이었다.

　한성부 판윤과 좌윤·우윤은 조정의 중요 회의에 참여해 국정을 논의하고, 왕의 자문에도 응했다. 특히 한성판윤은 중앙관직을 가지면서 어전회의에 참석해 3정승·6판서와 함께 국정을 논의했고, 국가의 주요 행사에 참여하는 등 중앙관직의 재상에 버금가는 지위를 누렸다. 지금도 서울시장이 국무회의에 참석하고 있다.

　그렇다면 지금의 서울시장과 조선시대 판윤 가운데 누가 더 많은 권력을 가졌을까? 물론 조선시대 판윤이다. 당시 한성판윤은 지금의 서울시장이 가지고 있지 않은 사법권을 가지고 있었다. 나아가 한성부 판윤과 좌윤·우윤은 한성부 업무 외에도 조정을 대표하는 외교 사절로 중국을 다녀오기도 했고, 중국 사신을 영접하고 영송하는 외교 업무를 담당하기도 했다. 그 외 지방의 선위사宣慰使로 파견되기도 했

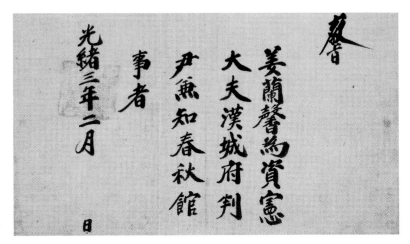

한성판윤 교지

으며, 왕이 행차할 때면 앞장서서 어가를 안내하기도 했다.

　보다 큰 권한은 한성부에서 죄인을 잡아 문초하고 형벌을 가할
수 있었던 것이다. 오늘날은 입법·사법·행정 등 3권이 분립되어 서로
견제하는 체제지만, 조선시대에는 중앙집권체제였기 때문에 한성판
윤에게 막대한 권한을 부여했다. 조선왕조에서 한성부가 차지하는 비
중과 역할이 그만큼 막중하다는 것을 말해준다.

　예로부터 "영의정 하기보다 한성판윤 내기가 더 어렵다."는 속담
이 나올 정도로 한성판윤은 낙점 받기 힘든 자리였다. 판윤을 임명할
때는 왕이 가장 신임하는 인물로서 외가 쪽 3대까지 지체를 살폈으
며, 어느 당파에도 치우치지 않는 집안의 인물만 골랐다. 역대 영의정
가운데 황희黃喜·이덕형李德馨·최명길崔鳴吉 등과 같이 한성부판윤을 지
낸 인물들이 상당수 있었다.

조선시대 재판하는 광경

　　초대 판윤은 한양천도 이듬해인 1395년 6월 13일 판한성부사^判_{漢城府事}에 임명된 성석린^{成石璘}이다. 그 직함은 판한성부사^(태조 4년, 1395) → 한성부윤^(세조 12년, 1466) → 한성부판윤^(예종 원년, 1469) → 한성부윤^(고종 31년, 1894) → 관찰사^(고종 32년, 1895) → 한성부판윤^(건양 원년, 1896) → 한성윤^(광무 9년, 1905) → 경성부윤^(융희 1년, 1907) → 서울시장⁽¹⁹⁴⁶⁾ → 서울특별시장⁽¹⁹⁴⁹⁾으로 바뀌었다.

　　2018년 현재까지의 연구 결과로 볼 때 초대 성석린 이후 610년 동안 수도 서울의 살림을 맡았던 한성부판윤^(시장)은 연임과 중임을 포함해 현재의 박원순 시장에 이르기까지 2,070대에 이르고 있다. 평균 재임기간은 5개월 정도로, 대체로 통치권이 안정된 시기에는 비교적 장수했지만 통치권이 불안하고 약할 때는 단명에 그치는 등 바람을 많이 탄 것으로 나타난다.

역대 최장 재임 판윤은 광해군 2년(1610) 3월부터 인조 원년(1623) 7월까지 13년 4개월간 역임한 오억령吳億齡이고, 가장 많은 중임 기록은 이완李浣이다. 그는 효종 때부터 현종 때까지 18년 동안 7번 판윤을 지냈다. 암행어사로 유명한 박문수朴文秀는 영조 28년(1752) 한성부판윤에 올랐다. 그는 판윤 재임 때 천도 이후 400여 년 동안 토사와 쓰레기가 쌓인 청계천 밑바닥을 준설하도록 영조에게 건의해 마침내 1760년 준설작업이 이뤄졌다. 이때 비로소 청계천 전 구간의 방축이 돌방축으로 정비됐다.

그러나 역대 한성부판윤 중에는 임금의 미움을 사거나 모함을 받아 하루도 못 넘기고 관직을 박탈당하는가 하면, 시대의 격변기나 민족의 수난이 있을 때는 한 달 사이에 5명이나 갈릴 만큼 관운이 나쁜 판윤도 많았다. 그 가운데 1일 판윤이 5명, 2일 판윤이 10명, 3일 판윤이 11명에 이르며, 고종은 한성부판윤을 가장 자주 임명한 임금이었다. 재위 43년 동안 426명을 임명해 1년 평균 10명꼴로 판윤을 바꿨다.

한성판윤은 조선 후기로 올수록 비중이 떨어지는 인사들이 등장하는 횟수가 늘고 중임·연임하는 경우도 늘었다. 이는 한성부판윤의 정치적 비중이 낮아지고 행정적인 비중이 높아짐을 보여주는 것이다. 세도정치가 기성을 부린 시기에 이르면 한성부판윤은 일종의 예우직 같은 것으로 전락했다. 이때는 한 달간 재임하면 제법 오랜 편이었다. 또 매관매직도 성행해 판윤은 외양만 그럴듯하고 실무가 없는 관직으로 변질되어 갔다.

한성부판윤의 평균 임기가 5개월 정도였던 것은 조선 관료제의 독특한 구조 때문이었다. 판서와 같이 정치적 비중이 크고 통치직에 해당하는 관직일수록 임기가 짧은 경향이 있다. 이는 사업의 구상과 집행이 특정 부서장 1명에게 위임되는 것이 아니라, 오늘날의 국무회의 격인 의정부와 비변사에서 열리는 재상회의에서 결정하는 경우가 많았기 때문이다. 실무를 집행할 때도 재상들의 감독을 받거나 도감^{都監}과 같은 임시 관청을 설립하고, 여러 곳에서 지위와 능력이 적합한 사람들과 유관 부서의 장들을 모아 운영하는 경우가 많았다.

따라서 재상의 자질이 있는 사람은 주요 관직을 두루 거치며 각 부처의 사정을 익히는 것이 상례였으며, 이 과정에서 인물의 적성과 자질이 검증됐다. 대체로 언관^{言官}·육조의 낭관^{郎官}·승지·판서·정승의 순이었으며, 한성부판윤은 이러한 관직 중 하나였다.

그렇다고 관리 개인의 성품과 적성을 아주 무시하는 것은 아니었다. 개개인의 자질과 성품도 면밀히 참작되었고, 이것이 관례가 되어 후대로 전해졌다. 이러한 사정 때문에 한 인물이 서울의 역사에 남긴 업적도 한성부판윤 재임 기간의 일로만 한정해서는 안 될 것이다.

한성부 공무원들은 어떻게 일했을까

한성부 공무원들은 다른 중앙관직의 관리들처럼 연간 약 300일을 근무하고 60일 가량 쉬었다. 《경국대전》에 따르면 한성부 고위 관리가 조정에서 열리는 어전회의에 참여하는 날은 매달 5·11·21·25일로 한 달에 네 번 정도였다. 휴일은 정기적으로 정해져 있지 않았으나 대체로 매달 1·8·15·23일과 24절기 가운데 입춘·입하·입추·입동 등 철을 가르는 날이었다.

또 왕과 왕비의 생일이나 장례식이 있는 날도 공식 휴일이었다. 하지만 그런 날은 오히려 의례 준비로 더 바쁘게 보냈다. 개별적으로는 부모상을 당하면 멀고 가까운 거리에 따라 일수에 차등을 두어 휴가를 받았다. 오늘날 공직자들이 주5일제에 따라 1년에 평균 120일 정도 쉬는 것으로 보면 조선시대 관리들보다 2배 더 쉬는 셈이다.

한성부 관원들은 교지나 사령장을 받아 근무를 시작했으며, 관원들의 승진은 1년에 6월과 12월 두 차례 근무평정을 거쳐 그 결과에 따라 이뤄졌다. 지금도 1년에 2번 근무평정을 하니 알고 보면 그 역사가 오래된 것이다. 대체적으로 종6품 이상인 참상관은 900일^(3년), 7품 이하인 참하관은 450일을 근무하면 승진됐으나, 판윤과 좌윤·우윤은 기한이 정해져 있지 않았다.

조선시대 한성부에서 했던 일 가운데 가장 두드러진 일은 호적을 관리하는 일이다. 전국의 호구와 인구수를 조사하고 이를 정리해 보관하는 업무가 가장 큰 일이었다. 오늘날은 전산화에 의해 인구수가 정리되고, 각각의 수입에 따른 세금이 부과되면서 국가 재정이 유지된다. 그러나 조선시대는 한성부에서 조사한 호구기록에 근거해 세금은 물론 군대 징집도 이뤄졌기 때문에 나라를 운영하는데 가장 기초적이면서도 매우 중요한 업무였다.

이외에도 이방은 인사 관계 업무로 관리들의 근무평정과 송사를 담당했다. 호방은 호적 업무와 한성부 내의 세금 부과, 토지·가옥·시전 업무를 담당했다. 예방은 간택揀擇과 산송山訟, 의례, 왕과 왕세자의 행차 경비, 결혼 적령기의 혼례 후원, 효자와 열녀 추천 등을 맡았다. 병방은 서울 사람들에게 시간을 알리는 일과 화재 예방 업무, 봄·가을 궁궐과 도성 순찰, 한강 뱃사공 관리 등을 담당했다.

19세기 한성부 청사와 관리들

또 형방은 살인 사건의 원인을 밝히고 시체 검안서를 쓰는 일, 서울 사람들의 안전 관리, 임금이 거둥할 때 도로 정리와 경비, 죄수 점검, 3년마다 노비안 작성 등을 맡았다. 공방은 주민의 노동력 동원과 한성부 내 시설물에 대한 점검과 청소, 한강을 건너는 배의 관리 감독, 남산·인왕산 등 도성 주위 산에 있는 송충이 잡이와 소나무 벌채 단속 등을 담당했다. 전체적으로 한성부 사람들의 삶 전체를 관리하고 점검하며 국가의 주요 업무도 상당수 담당하고 있었음을 알 수 있다.

이와 같은 한성부의 업무는 이·호·예·병·형·공방의 육방에서 나눠 맡았다.《육전조례六典條例》한성부조에는 "한성부의 모든 업무는 육방六房에서 나누어 관장한다."고 규정했다.

이방吏房의 업무

이방의 제반 사항은 서윤庶尹이 관장했다. 관원들의 근무성적을 평가하고 인사를 담당했다. 성적 평가의 기준은 여러 종류의 시험과 근무 능력이었으나, 상관에 대한 언어·행동·예의범절이 상당히 참작됐다. 관원의 성적 평가는 매년 6월과 12월에 실시되었는데, 서윤庶尹은 성적평가서를 작성해 직접 새벽에 판윤의 집에 가서 보고한 후 다시 좌윤과 우윤의 집에 가서 보고했다. 관원들의 성적 평가는 상·중·하 3단계로 구분해 성적을 매겼다. 10번 실시해 10번 다 상上을 받으면 당하관 이하는 1계급 진급시켰고, 10번 심사해 2번 중中을 받으면 무록관無祿官에 임명했으며, 3번 중을 받으면 파면했다.

호방戶房의 업무

호방의 모든 업무는 판관判官이 관장했다. 크게 호적·시전市廛·가옥 등의 업무를 담당했다. 한성부는 전국의 호적 업무를 담당했는데, 이는 한성부 업무 가운데 가장 방대한 것이었다.

한성부 청사 총 172칸 가운데 125칸(73%)이 호적 업무와 관계된 것이었다. 125칸 중에서 99칸은 호적고戶籍庫이며, 호적청戶籍廳이 13칸, 감동관방監董官房이 1칸, 감동청監董廳이 3칸, 호방서리청戶房書吏廳이 6칸, 잡색서리방雜色書吏房이 3칸이었다. 조선시대 호적은 원칙적으로 3년마다, 즉 자子·묘卯·오午·유년酉年에 한 번씩 작성했다. 이때 총책임자는 한성부판윤이며 실무책임자는 호방의 책임자인 판관이었는데, 호적 업무를 전담할 임시 기구로 도청都廳을 설치해 모든 사무를 관장했다.

한성부 관원 중에서 5명을 선정해 감동관監董官으로 하고, 오부五部에 각각 한 사람씩 배치해 호적업무를 전담하도록 했으며, 실무는 지색서리紙色書史가 담당했다. 그리고 서사書寫와 서리書吏를 두어 업무를 보좌하게 했다. 또 실무 보조자로서 임장任掌을 두었다. 10개월을 기한으로 호적이 완성되면 1부는 한성부에 보관하고 1부는 강화도로 수송해 보관했는데, 강화도로 수송할 때는 판관이 직접 호송했다.

호방은 경시서京市署와 함께 상인들을 관리해 물가를 조절하고 육의전六矣廛 등 시전을 관리했다. 경시서는 전국의 시전 업무와 한성부의 시전 업무를 함께 관리했고, 한성부는 한성부의 시전 업무만을 관리하는 이중체제였다. 만일 어떤 시전이 자기 시전에 허용되지 않는 물품을 매매하거나, 사전私廛이 공인시전公認市廛에서만 허용된 상품을 판매하는 경우는 난전亂廛이라 하여 처벌했다.

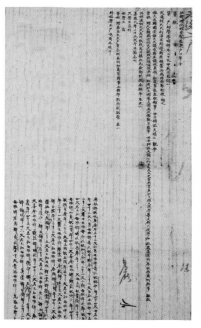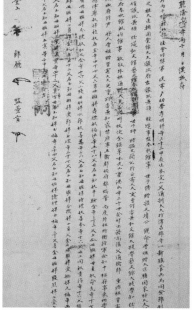

한성부 호구단자와 준호구

정해진 가옥 규모 위반을 규제·관리하는 것도 호방의 일이었다. 한성부에서는 가옥을 신축하려는 부민에게 가대家垈를 지급했는데, 공지空地나 이미 지급된 토지 중에서 2년이 지나도록 가옥을 신축하지 않으면 도로 회수해 새로운 신청자에게 지급했

호패(서울역사박물관)

다. 가대는 신분에 따라 지급했는데, 대군·공주는 30부負, 1·2품 관원은 15부, 3·4품 관원은 10부, 5·6품 관원은 8부, 7품 이하와 유음자제에게는 4부, 일반 서민에게는 2부를 지급했다. 가옥은 대군 60칸, 2품 이상은 40칸, 3품 이하는 30칸을 넘지 못하도록 규정했지만, 사대부에서 서민에 이르기까지 이 규정은 제대로 지켜지지 않았다.

이외에도 호방은 잡다한 업무가 많았다. 국왕이 죄인을 문초할 때 호적을 가지고 대궐 아래 대령했고, 도성 내외에 곰이나 호랑이의 피해 우려가 있으면 군軍에 부탁해 잡도록 했다. 또 한성부민으로서 16세 이상인 정남丁男에게 호패號牌를 만들어 지급하는 업무, 매년 연초에 과거에 급제한 지 60년이 되는 노인에게 연회를 베푸는 업무, 당상관과 그 처의 나이 70세 이상자에게 국가에서 매년 선물을 보내는 업무, 국상國喪 때 상여를 운반할 여사군輿士軍을 뽑아 보내는 업무, 걸인의 명단을 작성해 그들을 구제하는 업무, 사채私債로 폭리를 취하는 무리를 단속하는 업무 등을 맡았다.

예방禮房의 업무

예방의 업무는 주부主簿 한 사람이 관장했다. 주로 간택揀擇과 산송山訟에 관한 업무를 담당했다. 간택은 국가의 왕이나 왕자, 공주 등이 혼인할 때 담당하는 업무다. 즉 왕이나 왕자, 왕녀가 혼인할 때 그 배우자를 선택하기 위한 교지가 내려오면 예방에서 오부五部에 명해 간택에 적합한 규수들의 명단을 작성해 예조에 보고했다. 당상관과 예방낭청은 직접 대궐에 나가 간택 업무에 참석했다. 조선시대 서민들은 남자는 15세, 여자는 14세를 결혼 적령기로 했는데, 왕실에서는 일정한 연령 제한 없이 형편에 따라 혼인을 시켰다.

산송은 묘지와 관련된 소송 업무를 말한다. 조선시대에는 풍수지리설이 성행해 산소를 잘 써야 자손이 부귀영화를 누린다는 사상이 만연했다. 권력자들이 남의 산에 불법으로 묘를 쓰거나 몰래 쓰는 경우가 허다해 관련된 소송이 많았는데, 이는 예방 업무의 중요한 부분

왕실혼례 재현장면

을 차지했다. 자기의 산(묘지)을 권력이나 금력에 의해 불법으로 침탈당했을 때 그 억울함을 한성부에 호소했는데, 그 방법으로 징이나 북을 쳤으며 예방의 담당 서리가 이들의 호소를 들어 처리했다. 또한 도성으로부터 10리 내에는 매장埋葬을 못하도록 금지했는데, 도성으로부터 10리 내란 한성부의 관할구역에 해당되는 것이므로 결과적으로 한성부의 관할구역 내에는 묘를 쓰지 못하도록 했다.

간택이나 산송업무 외에도 예방은 일식日蝕이나 월식月蝕이 있을 때 복원이 될 때까지 제사도 지냈다. 한성부에서 직접 제사를 지낼 때나, 임금이 한성부에 거둥하여 제사를 지낼 때 이를 담당했다. 또한 어가御駕가 성외에 거둥할 때는 어가를 인도하고, 일반인의 접근을 금하며, 가로변 집 앞에는 등을 달도록 하는 한편, 가로변 다섯 집까지 엄중히 경계하는 업무를 맡았다. 이외에 한성부민으로서 결혼 적령기가 됐는데도 가난해서 결혼하지 못하는 남녀를 조사해 선혜청宣惠廳에 보고하고 호조에서 이들을 도와주도록 요청했다.

병방兵房의 업무

병방의 업무도 예방과 같이 주부主簿 한 사람이 관장했다. 주로 범죄로부터 서울을 지키는 일과 화재 예방에 관련된 업무를 수행했다. 서울의 치안을 유지하기 위한 순찰 업무는 한성부와 군문, 그리고 성종 때 포도청이 설치된 후에는 대체로 한성부와 포도청이 중심이 되어 치안을 담당했다.

도성 18km에는 4대문과 4소문이 있어 오후 10시경 종루에서 28번 인정 종을 치면 성문이 일제히 닫혀 모든 사람들은 출입이 금지됐다. 만일 상사나 질병 기타 부득이 왕래해야 할 일이 있으면 순군이나

관가에 소장을 올리는 모습(김윤보작)

파수군의 인도를 받아야 했다. 오전 4시경에 33번 파루 종이 울리면 성문이 일제히 열려 통행이 재개됐다. 이 통행금지 시간에 무고히 왕래하는 자가 있으면 지위고하를 막론하고 처벌받았다. 한성부의 치안 업무를 담당했던 말단 기관으로는 경수소警守所가 있었고, 경수소보다 규모가 작은 마을의 자치조직인 이문里門이 있었다.

한성부의 가옥은 대부분 초가였기 때문에 한 번 화재가 났다 하면 수백수천 칸의 가옥이 일시에 소실되는 대화재로 번졌다. 이에 한성부는 화재 예방에 각별한 관심을 가지고 순찰 업무를 철저히 하는 동시에, 소화용수와 소방용구를 항상 준비시켰다. 이와 함께 방화벽을 만들어 불이 나면 그 지역만 연소되고 다른 구역은 연소되지 않도록 하는 등 일단 불이 났을 때는 그 피해를 최소화하는데 많은 노력을 기울였다.

　세종 8년⁽¹⁴²⁶⁾ 2월의 경우 금화禁火와 소화消火를 전담할 금화도감
禁火都監을 설치해 방화 업무를 보다 강력하게 추진했으며, 세종 13년
⁽¹⁴³¹⁾ 5월에는 비화조례備火條例를 발표해 일단 화재가 발생하면 소방
지휘본부에 소기消旗를 달고 북을 쳐서 동원된 관원이나 군인, 한성부
방민坊民들이 신속히 소화 작업에 임하도록 했다. 동원된 방민들은 소
화기구를 휴대하는 등의 세부적인 소방계획을 수립하고 금화와 소화
에 만전을 기했다.

형방刑房의 업무

형방의 업무는 주부主簿 두 명이 관장했다. 주로 사체를 검시하는 일과
형벌과 관련된 업무를 담당했다. 조선시대에는 한성부 관할구역에서
검시를 요하는 인사사건人死事件이 발생하면 이를 규명하기 위해 시체
를 검사하는데, 서울에서는 한성부 각부各部의 해당 관원이 한성부의

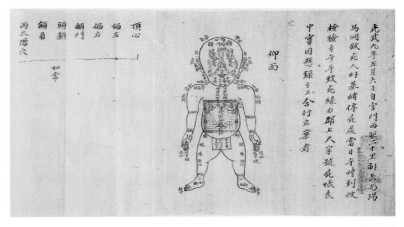

검실일기

시신 검시(기산풍속도)

지시에 따라 담당하고 지방에서는 지방관이 담당했다. 검시는 1회로 끝나는 것이 아니고 복검覆檢을 했으며, 복검에서도 의심나는 것이 있으면 3검 또는 4검을 했고, 여기서도 의문점이 있으면 5검 또는 6검까지도 했다. 그러나 대부분 초검과 복검·3검·4검에서 사건이 완결됐다. 복검을 할 때는 초검자와 서로 통하지 못하게 하고, 만일 서로 통해 비밀을 누설하는 자는 유배형流配刑에 처했다. 초검관과 복검관이 서로 통교하지 못하게 한 것은 검시 업무를 공정히 해 사인을 정확히 규명하고자 한 것이다.

또한 려가탈입閭家奪入 금지 업무도 있었다. 세력가들이 남의 집을 함부로 침탈하는 일이 가끔 발생해 이를 금지하도록 하는 일이다. 영조 20년(1744)에 간행된《속대전續大典》에는 려가閭家를 침입한 자는 3년 도형徒刑 후 유형流刑에 처한다고 규정했으며, 매월 한성부로 하여금 오부五部 관원이 남의 가옥을 침탈하는 일이 있는지 없는지를 조사해 보고하게 했다.

이외에 형방에서 국왕이 거둥할 때 가로변에 잡인과 닭·개의 통행을 금했고, 교외로 거둥할 때는 오부五部 각방各坊에서 50명씩 동원해 서리書吏와 사령使令이 인솔해 도로를 경비하며 잡인의 접근을 금했다. 식년式年마다 노비안奴婢案을 작성해 형조에 보고하는 업무와, 승니僧尼들이 성내에서 격고擊鼓하는 것을 금하는 업무 등도 형방의 일이었다.

공방工房의 업무

공방의 업무는 두 명의 주부主簿가 관장했다. 한성부 내의 각종 건설과 관련된 업무를 주로 담당했다. 제일 중요한 업무는 도로 관리였다. 한성부의 도로는 대로(17m), 중로(5m), 소로(3m)로 하여 수도로서의 면모를 갖췄다. 그러나 세월이 지나면서 도로변에 있는 민가들이 도로를 침범해 울타리를 치거나 가옥을 짓기도 했고, 심한 경우 도로를 완전히 막아버리는 경우가 많아 교통 불편을 초래했다.《경국대전》에는 "도로와 구거溝渠 및 교량이 훼손되거나 무너졌을 때에는 공조와 한성부가 공동으로 살펴서 보수한다."고 규정했다. 그러나 이러한 업무는 한성부에서 직접 담당하지 않고, 그 하부조직인 오부에 하달해 담당하게 했다.

수문상친림관역도

다음으로 개천의 관리도 중요한 업무 가운데 하나였다. 사면이 산으로 둘러싸인 한성에 수도가 건설되어 인구가 집중되면서 자연적인 유수와 인위적인 하수 처리는 위정자들의 관심사였으며, 행정 담당자들의 주요 업무 중 하나였다. 때로는 개천도감開川都監을 두거나 준천사濬川司 등 별도의 기구를 조직해 청계천을 굴착하고 제방을 쌓는 등 치수사업을 했고, 때로는 수만 명의 역군을 동원해 배수 공사를 하기도 했다(영조 36년, 1760). 이와 같이 도로를 보수하고 교량을 가설하며 개천을 관리하는 업무는 주로 공방과 한성부 오부에서 담당했다.

2장

서울시 공무원의 기준을 세우다

생전에는 염근리, 사후에는 청백리

과거 국가에 봉직하던 관리들은 크게 둘로 나뉜다. 하나는 나라와 국민을 위해 헌신하며 자신과 가정의 희생을 감수하는 청렴결백한 청리淸吏. 또 하나는 일신의 영리와 일가의 번영을 위해 백성들을 현혹하고 가렴주구로 피해를 주는 부류인 탁리濁吏가 그것이다. 청리 가운데서도 가장 뛰어난 부류를 청백리라 했고, 탁리들은 오리汚吏·혹리酷吏·장리臟吏로 불렸다.

예부터 청백리가 많으면 나라가 부강해지고 백성의 삶이 편하지만, 탁리가 많으면 나라가 피폐해지고 백성이 고달파 삶이 어려워진다. 이러한 현상은 오늘날도 달라진 것이 없다. 공무원이 청렴하면 국가가 부강해지지만 반대로 부패하면 그만큼 국가 기강이 무너지고 민중의 삶도 어려워진다.

청백리의 청백은 청렴결백淸廉潔白의 약칭으로, 전근대 관료들은 청백리에 선발되는 것을 자랑스러운 미덕으로 여겼다. 엄격하게 말하면 청백리는 〈청백리안淸白吏案〉에 올라있는 인물들로서 작고한 사람들에 대한 호칭이다. 살아있을 때는 염치를 알고 근면한 관리라는 의

미에서 염근리廉謹吏 혹은 염리廉吏라 불렀고, 이에 선발되면 승진이나 보직에서 특혜를 받았으며, 죽은 후에는 그 자손들에게 벼슬이 내려지기도 했다. 따라서 염근리 혹은 청백리에 선발되는 것은 가문의 큰 명예였다.

청백리를 선발하고 표창하는 제도는 고대 중국에서 시작됐다. 공식적으로 남아있는 것은 한나라 문제 12년에 염리를 선발하고 표창한 기록이다. 우리나라는 고려시대부터 청백리를 표창한 것으로 보인다. 1136년(인종 14)에 청렴하고 절개 있는 사람들을 뽑아 벼슬을 준 기록이 있으며, 최석崔奭·윤해尹諧·최영崔坣 등이 대표적인 인물이다.

조선시대 법전인 《경국대전》에 의하면 부정한 방법으로 재화를 축적한 장리贓吏에게는 본인은 물론 그 후손들에게도 중앙의 관직과 지방의 수령직 등을 줄 수 없도록 규정했다. 국가에 탐관오리들이 많아 이들을 규제하기 위해 법으로 정한 것이다. 이와 동시에 장리의 수를 줄이기 위해 청렴결백한 관리들에게는 청백리라는 호칭을 부여하고 우대함으로써 관리들의 부정부패를 줄이고자 했다.

청백리로 선발되는 과정은 대체로 다음과 같다. 국가가 청백리 선발의 필요성을 느낄 때 왕이 청백리를 선발하라는 명령을 의정부에 내리면, 의정부의 세 정승과 육조 판서가 논의해 각 도에 공문을 발송하고, 청백리로서 자격이 될 만한 사람을 추천해 보고하도록 한다. 그 대상은 현직 관리뿐만 아니라 죽은 사람까지 포함했으며, 업무는 주로 이조에서 담당했다. 추천된 청백한 관리 가운데 여러 차례 논의를 거쳐 최종 선발되는데 그 기준은 법전에 명문화되지 않아 명확하지 않다. 다만 관리로서 맡은 바 업무에 충실하며, 국가에서 지급하는 정해진 월급 이외에 관청이나 사가私家에 일체의 폐를 끼치지 않는 자로 선발했다.

조선시대 청백리로 선발된 사람은 모두 몇 명일까? 자료마다 명단이 다르고, 청백리와 염근리의 분간이 잘 되지 않을 뿐만 아니라 실록에도 기록이 누락된 경우가 있어 정확한 수를 파악하기는 어렵다. 《청선고淸選考》에는 모두 186명의 명단이 기록돼 있고, 《전고대방典故大方》에는 218명의 청백리 혹은 염근리의 명단이 기록돼 있다.

명종 때 45명으로 가장 많은 청백리가 선발됐으며, 정조대가 2명으로 가장 적다. 재위기간이 52년으로 가장 긴 영조 때는 단지 9명만이 선발됐을 뿐이고, 재위기간이 가장 짧은 경종 때도 6명이 선발된 것을 보면 왕의 재위기간과는 밀접한 관계가 없다. 청백리 선발 기간이나 수가 정기적으로 진행된 것이 아니기 때문이다.

무엇보다도 조선시대는 관료제 사회였기 때문에 많은 관리들이 유교 원리에 바탕을 둔 고도의 도덕성과 인품 수양을 요구받았다. 따라서 청백리나 장리의 선발제도에 의해 국가 체제가 유지됐다기보다는 관료 자신들의 학문적 수양과 윤리적인 품성에 의해 조선의 체제가 유지됐다고 보는 것이 더 합당할 것이다.

뇌물 먹으면 자자손손 벼슬길 불가

조선은 관리의 부정부패와 그것을 방지하는 문제를 매우 중요하게 다뤘다. 관리의 불법과 비리를 어떻게 막을 것인가 하는 문제는 곧 국가의 안위와 직결되는 문제라고 인식했다. 관리가 불법적으로 차지한 재화를 장贓이라 하여 장물로 인식했고, 그러한 죄를 장죄贓罪, 그것을 저지른 관리를 장리贓吏라 했다. 그리고 이들 장리는 인륜도덕인 강상

綱常을 무너뜨리는 죄와 같은 등급으로 논의됐다. 관리의 부정부패는 민생의 고통을 초래하는 일차적인 원인으로 지목됐기 때문이다.

조선시대 범죄 판결에 적용된《대명률직해》에 따르면, 관리의 불법 행위를 크게 정부의 재산을 훔쳐내는 것과 남의 재물을 받는 것으로 나누고 있다. 정부의 재산을 훔친 자는 그 양에 따라 최하 장 80에서부터 최고 참형까지 집행하도록 했다. 여러 명이 집단으로 훔쳤을 경우 각기 나누어 가진 액수가 아니라 전체 액수를 모두 훔쳐 가진 것으로 적용해 죄를 물었다.

관리들의 뇌물수수에 대해서도 상세하게 규정하고 있다. 기본적으로 품계를 지닌 관리 또는 이속吏屬이 남의 재물을 받았을 경우 그

태형을 가하는 모습(기산풍속도)

주리를 트는 모습(기산풍속도)

액수에 따라 처벌하고, 관직과 직역을 빼앗아 다시는 임용하지 않았다. 여러 사람으로부터 뇌물을 받았을 경우에는 모두 합산해 처벌하도록 했다. 그 액수가 동전 1관(저화 약 30장) 이하일 때는 곤장 60대에서 시작했고, 80관 이상일 경우에는 교수형에 처하도록 했다.

또한 뇌물을 받은 것이 자신의 특정한 업무와 관련이 없어도 범죄가 성립됐다. 자신의 지위를 이용해 재물을 빌린 경우, 부당하게 빼앗은 경우, 재물을 요구한 경우, 시장 가격보다 저렴하게 물건을 산 경우, 물건을 사고 값을 지불하지 않은 경우, 값비싼 물건을 빌려 한 달 이상 지나도록 돌려주지 않은 경우에도 모두 죄를 적용했다. 나아가 자신이 모르는 상태에서 집안 사람이 뇌물을 받았을 경우에는 그 행위자가 처벌을 받았으며, 관리가 뇌물수수를 사전에 알았을 경우에는 똑같이 처벌했다. 다만 관리가 각 임지로 가는 도중에 향응을 받았거나 친구의 선물을 받은 것은 처벌에서 제외하도록 했다.

장리로 처벌을 받으면 최고 사형은 물론 자자형도 이뤄졌으며, 이들을 따로 관리하는 명부를 만들어 그 자손들도 영원히 벼슬길에 나가지 못하도록 규제했다. 조선 최고의 법전인《경국대전》에는 장리의 아들이나 손자에게는 정치적으로 중요한 관직에 진출하는 길을 원천적으로 막을 것을 정해놓았다.

그러나 법으로 규정된 것과 실제 집행되는 것은 많은 차이가 있었다. 자자형의 경우 반인륜적이라 하여 조선 초기에 어느 정도 시행되다가 없어졌고, 사형되는 예도 거의 없었다. 관리들이 조선 양반이라는 계급체계 안에 있었기 때문에 정부 고위관리는 물론 일반 관리들도 거의 한통속이었다. 조선의 관리들은 기본적으로 관리의 부정부패를 막아야 한다는 것에는 인식을 같이 했지만, 그 주체는 관리들 자신의 문제라고 생각했다. 즉 비록 관리의 비리가 있다 하더라도 백성들이 이를 고소하거나 비난할 수 없도록 했다. 백성들이 관리를 고소한다는 것은 곧 양반 중심 사회에 대한 정면 도전으로 간주했기 때문이다. 국가 운영의 근간이 무너질 것을 두려워한 양반 관리들은 부민고소금지법部民告訴禁止法까지 만들어 법 테두리 안에서 이를 금지시켰다.

조선 초기에는 부정부패 척결에 대한 관리들의 의지가 강력한 편이었다. 하지만 점차 그 수위가 약해졌고, 17세기 이후에는 상업의 발달과 상품화폐경제가 확산되면서 뇌물 공여가 보다 용이해졌고, 각 붕당과 상인세력들이 서로가 원하는 것을 주고받는 이른바 정경유착이 확대됐다. 그 폐해 정도가 가장 심각하게 나타난 것이 19세기 세도정치 아래에서였다. 당시는 관리 부패에 대한 지배층 내부의 자체적인 견제도, 국왕의 행정체계도 힘을 잃고 있었다. 그것은 곧 대대적인 민중항쟁을 불러 일으켰다. 하지만 이마저도 당시 개항이라고 하는 역사의 거대한 흐름 속에서 중심을 잃어갔다. 결국 관리의 심각한 부정부패는 총체적인 국가 부실을 가져왔고 민심의 이반과 함께 나라의 멸망을 초래했다.

세종이 사랑한 조선의 청백리 하정

종로구 창신동 쌍용아파트 근처에는 옛 오두막집이 아담하게 자리하고 있다. 이곳은 조선 초기 청빈하게 살았던 재상 유관柳觀(또는 柳寬)의 집터로, 오늘날에도 청빈한 생활의 대명사로 공직자들의 귀감이 되는 역사적인 장소다. 이곳은 그의 호를 따서 하정로夏亭路라 이름 지어졌다.

유관은 고려 말 조선 초의 문신으로 1346년(충목왕 2)에 태어나 1433년(세종 15)에 세상을 떠났다. 본관은 문화文化이며, 자는 경부敬夫 또는 몽사夢思이고, 호는 하정夏亭, 시호는 문간文簡이다. 공민왕 때인 1371년 26세의 나이로 문과에 급제해 관직생활을 시작했다. 고려 말 이미 전리정랑과 전교부령을 거쳐 성균사예, 사헌중승(종3품) 등을 역임했다.

조선이 건국돼 이성계가 왕으로 즉위할 때 공조총랑이었던 그는 즉위식에서 운검雲劍을 맡아 태조를 호위하는 등 신진사대부로서 조선 건국에 적극적으로 참여했다. 뿐만 아니라 《명신록》에 의하면 조선의 도읍을 한양으로 결정하는 데도 지대한 역할을 했던 것으로 보인다.

유관집터 비우당

유관柳觀이 정도론定都論을 올려 아뢰기를, "예로부터 지금까지 중국에
서 도읍 정한 데가 관중關中과 낙양洛陽을 넘지 않았거늘, 하물며 우리
나라는 사경四境의 안이 만리에 불과할 뿐이니, 어찌 도읍을 정할만한
곳이 많을 수 있겠습니까. 오직 송도와 한양만이 그중에서 가장 좋은
곳입니다. 지난 봄 계룡산 아래에 도읍을 정하셨을 때 백성들이 모두
걱정한 것은 형세가 아주 좁고 땅이 낮고 사방에서의 거리가 고르지
못하고 수로水路가 멀었기 때문입니다. 지금 한양에 천도하게 되니, 백
성들이 모두 기뻐하며 말하기를, '한양의 형세·토지·도로·수로 등 그
모든 것이 송도松都와 서로 같다.'고 합니다. 만약 민심으로 본다면, 한
양은 진실로 전하에게 하늘이 명하신 도읍터라 하겠습니다." 하니, 태
조가 이를 따랐다.

조선이 건국된 후 개국원종공신에 올랐으며, 1397년(태조 6)에는 학문적 업적을 바탕으로 대사성, 대사헌, 예문관 대제학 등의 요직을 두루 거쳤다. 1409년 길주도吉州道 안무절제사安撫節制使 영길주목領吉州牧이 됐을 때는 야인의 침입을 막아냈다. 이후 형조판서를 거쳐 1424년 우의정에 올랐다가 치사했다. 시호는 문정공文貞公이다.《연려실기술》의 기록에 의하면 "그가 죽은 후 세종이 흰옷을 입고 백관을 거느리고 울었다."고 할 정도로 국가에서 그의 죽음을 안타까워했던 인물이다.

그의 인물 됨됨이에 대해《연려실기술》에는 "공의 온량溫良하고 돈후敦厚한 성품은 태어날 때 얻은 천성이었다. …… 공은 자질이 밝고 민첩하였으며, 풍채가 빛나 네 임금을 연달아 섬겼으되 모두 사랑을 받아서 그보다 더 사랑받은 자가 없었다."고 기록하고 있다.

그가 형조전서로 있을 때는 죄인의 자복을 받을 때 무리한 고문을 하지 말고 형률에 의거해 집행하도록 건의해 받아들여졌고, 대사헌이 되어서는 승려의 수를 줄이고 불교 배척을 주장하며 유학자의 길을 걸었다. 뿐만 아니라 궁정에서 풍악을 울리며 잔치를 벌이고 술마시는 것을 금하고, 왕의 탄일에 조회에서 축하하는 것 등을 없애 나라의 향락과 허례허식을 폐하자고 주장했다.

예문관 대제학으로 있을 때는 관원들이 처를 여러 명씩 두어 적자 문제로 소송이 자주 발생하자 판결기준을 상소했는데, 작첩을 주거나 재산을 분배할 때는 전처가 없을 경우 비록 후처일지라도 끝까지 같이 살았을 경우 작첩을 주어야 하고, 재산은 고르게 분급할 것을 주장하기도 했다.

유관이 우의정에서 치사하였을 때의 나이가 81세였다. 이때 이름의 한자를 유관柳寬으로 바꾸었다. 당시 아들 유계문柳季聞이 충청도 관

유관의 묘

찰사가 됐는데, 세인들이 유 관찰사를 줄여서 유관柳寬이라 부르자 자
신의 이름과 혼동되기 쉽다 하여 계청啓請해 이름의 한자를 바꿔버렸
다. 그는 은퇴한 후 세종에게 은퇴한 1·2품 중에 나이 70세가 넘은 사
람들을 중심으로 기영회耆英會를 만들어 모이는 것이 소원이라고 하여
허락을 받았다. 그리하여 우의정으로 치사한 이귀령李龜齡, 영돈녕 권
홍權弘, 전 이조판서 박신朴信, 전 한성부사 허주許周, 지중추원사 이정간
李貞幹, 공조판서 조계생趙啓生 등과 기영회를 조직했고, 세종은 이들에
게 술과 안주를 보내 위로했다.

　　그는 은퇴한 후 본관인 황해도 문화현에 거주했으나, 서울에 있을
때는 흥인문 밖에서 출퇴근했다. 벼슬하는 동안 청백리로 유명한 그
의 삶은《연려실기술》에 잘 기록되어 있다.

공은 청렴하고 방정하여 비록 가장 높은 벼슬에 올랐으나 초가집 한 간에 베옷과 짚신으로 담박하게 살았다. 공무에서 물러나온 뒤에는 후생을 가르치는 일을 게을리 하지 않아 제자들이 모여들었는데, 누구라도 와서 뵈면 고개를 끄덕일 뿐, 그들의 성명도 묻지 않았다. 집이 흥인문興仁門 밖에 있었는데, 때마침 사국史局을 금륜사金輪寺에 설치하였으니 그 절은 성 안에 있었다. 공이 수사修史의 책임을 맡았는데 간편한 사모에 지팡이를 짚고 걸어 다니며 수레나 말을 쓰지 않았다. 어떤 때는 어린 아이와 관자冠者 몇 사람을 이끌고 시를 읊으며 오고가니 사람들이 모두 그의 아량에 탄복하였다. 초가집 두어 간에 밖에는 난간도 담장도 없어, 태종이 선공감繕工監에 명하여 밤중에 그의 집에 울타리를 설치하여 주되 공으로 하여금 알지 못하게 했고, 또 어찬御饌을 끊이지 않게 내렸다.

또한 그의 소박하고 검소한 삶은 《청파극담靑坡劇談》에 다음과 같이 실려 있다.

손님을 위해서 술을 접대할 때는 반드시 탁주 한 항아리를 뜰 위에다 두고 한 늙은 여종으로 하여금 사발 하나로 술을 바치게 하여 각기 몇 사발을 마시고는 끝내 버렸다. 공이 비록 벼슬이 정승에 이르렀으나, 제자들을 가르침에 게을리 하지 않았으므로 학도가 매우 많았다. 매번 시향時享에는 하루 앞서 제생諸生을 예의를 갖추어 돌려보내고, 제삿날에는 제생을 불러 음복飮福을 시켰는데 소금에 저린 콩 한 소반을 서로 돌려 안주를 하고, 이어 질항아리에 담은 탁주를 그가 먼저 한 사발 마시고는 차례로 좌상에 한두 순배를 돌렸다.

또한 《용재총화》에는 "어떤 사람이라도 찾아오면 겨울에도 맨발에 짚신을 끌고 나와서 맞이하였고, 때로는 호미를 가지고 채소밭을 돌아다녔으나 괴롭게 여기지를 않았다."고 기록되어 있어 그의 사람 됨됨이와 소박하고 청렴한 생활상을 엿보게 한다. 그가 청빈하게 살았다는 모습을 가장 잘 보여준 기록은 《필원잡기》의 다음과 같은 내용이다.

> 어느 때 장맛비가 한 달 넘게 내려서 집에 새는 빗발이 삼줄기처럼 내릴 때, 공이 손에 우산을 들고 비를 피하면서 그 부인을 돌아보고 말하기를, "이 우산도 없는 집에서는 어떻게 견디겠소."하니, 그 부인이 말하기를, "우산 없는 집엔 다른 준비가 있답니다." 하자, 공이 웃었다.

이 대목에서 유관의 청렴한 삶이 어느 정도였는가를 가히 짐작하고도 남음이 있다 할 것이다. 바로 이러한 그의 성품과 생활상이 그를 청백리로 녹선하게 만든 요소라고 할 것이다.

유관이 살았던 이 집터는 이후 호조·병조·예조판서를 두루 역임한 이희검李希儉이 살았다. 이희검의 처는 유관의 4대 후손이다. 결국 유관이 살았던 집은 4대손에 이르러 사위에게 물려진 것이다. 그런데 이희검도 유관 못지않은 청렴한 관리였다.

그는 "옷은 몸을 가리는 것으로 족하고衣足以蔽身 밥은 창자를 채우는 것만으로 족하다食足以充腸."는 철학을 바탕으로 생활했던 인물이었다. 사람들이 와서 '어찌 이리도 누추한 집에 사는가?' 하고 물으면 '이 사람아 우산에 비하면 이것도 과하네'라고 하며 청빈한 생활을 했다고 한다. 그가 세상을 떠났을 때 장사치를 돈이 없어 친지들이 추렴해 장사를 마쳤다고 할 정도였다.

　이희검 이후에는 그의 아들 이수광이 살았다. 이수광은 실학의 창시자로 《지봉유설芝峰類說》을 지은 인물이다. 그는 임진왜란 때 폐허가 된 이곳에 집을 새로 짓고 비우당庇雨堂이라 했다. 유관이 우산을 펴고 비를 근근이 가렸다는 뜻으로 당호堂號를 지었다. 그가 쓴 《비우당기庇雨堂記》에는 다음과 같은 기록이 있다.

　　낙산 동쪽 모서리에 하정 유관의 옛 집터가 있는데 청백함을 대대로 물려 오늘에 이르고 있다. 일산日傘(우산)을 받쳐 천만리의 평안을 얻었고 천하가 새지 않게 하였다. …… 흥인문 밖 낙산 동쪽 기슭에 적산商山이라는 외부리가 있고, 남쪽에 마치 읍한 듯한 바위산은 지봉이라 하며, 그 아래에 우산 형태의 노송 10여 그루가 있다. 그곳 방 안에서 우산을 받고 살았다는 외 5대조의 초막이 있다.

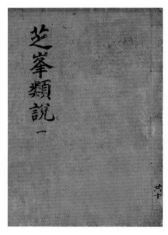

지봉유설 표지

이 기록을 통해 볼 때 유관이 지봉 이수광의 외 5대조 할아버지가 되니 그 인연이 깊다고 할 수 있으며, 인근 바위산 이름을 따서 자신의 호를 짓고 이곳에 살면서 《지봉유설》을 저술했던 것이다. 이 지역에는 일제강점기 초 도시계획으로 신설동을 새로 만들 때까지만 해도 우산 모양의 노송이 있었으며, 우산각골이라는 지명도 남아 있었다고 한다.

서울시에서는 유관의 청렴성을 높이 평가하며 그의 호를 따서 서울시 공무원을 대상으로 '하정 청백리상'을 제정해 표창하고 있다. 묵묵히 그늘에서 청렴하게 일하는 관리들에게 힘을 북돋우고 공직자로서의 올바른 삶을 살아갈 수 있도록 계몽하기 위한 조치다.

참된 선비의 자질은 문文보다 덕德

이수광(1563~1628년)은 조선 중기의 문신으로 실학자다. 본관은 전주全州이며 자는 윤경潤卿, 호는 지봉芝峯이고 시호는 문간文簡이다. 1582년 (선조 15) 20세의 나이에 진사시에 합격하고, 3년 후인 1585년 별시문과에 급제해 승문원에 뽑혀 사국史局에 나아갔다. 호조와 병조의 좌랑을 거쳐 홍문관 수찬, 사헌부 지평, 이조좌랑을 역임했다. 이외에도 도

이수광 묘

승지, 대사헌, 대사간, 홍문관제학 등을 두루 역임하고 이조판서를 끝으로 생을 마감했다.

그가 생존했던 시대는 임진왜란과 광해군 및 인조반정 등 굵직한 사건들이 많이 발생했던 조선의 격변기였다. 임진왜란 때는 북도선유어사 직책을 맡아 함경도 지방에 나아가 민심을 선유했고, 전쟁 이후에는 안변·홍주·순천 등 외직에 나가 민생을 보살폈다. 광해군 때는 교하천도를 반대했고, 영창대군이 죽고 인목대비가 유폐되자 관직을 버리고 수원에 은둔하기도 했다. 인조반정으로 새로운 정국이 형성되자 정계에 복귀해 왕의 구언求言에 따라 12개조의 상소문을 올렸는데, 그의 사상과 행동양식을 엿볼 수 있다.

그는 실학의 창시자로 불릴 정도로 많은 학문적 업적을 남겼다. 그의 학문적 경향이 가장 잘 나타나 있는 것이《지봉유설》이며, 이외에도《지봉집》31권과 부록 3권,《채신잡록採薪雜錄》, 순천부사로 있을 때의 경험을 살려 저술한《승평지昇平志-순천읍지》등이 있다. 그가 지평·예조참판 등을 지내고 주청사奏請使로 연경燕京에 갔을 당시 명明나라에 와 있던 이탈리아 신부神父 마테오리치의 저서《천주실의天主實義》2권과《교우론交友論》1권, 중국인 유변劉汴 등이 지은《속이담續耳譚》6권을 가지고 돌아와 조선에 최초로 서학西學을 도입하기도 했다. 그는 사후에 영의정에 추증됐으며, 청수서원淸水書院에 제향됐다.

그가 이곳 비우당에서 지은《지봉유설》은 1614년에 편찬한 백과사전으로 모두 20권 10책이다. 목판본으로 된 이 책은 그가 죽은 뒤 아들에 의해 1634년 출간됐다. 모두 25부문 182항목으로 나누어 3,435조목을 서술하고 있으며, 육경六經을 비롯해 근세 소설과 여러 문집에 이르기까지 다양한 글을 참고해 집필했다. 이 책에 수록된 인물만도 2,265명에 달한다. 특히 서양 문물에 대한 견문과 새로운 문화에 대한 이수광의 관심이 잘 나타나 있는데,《천주실의》에 대한 소개와 함께 천주교의 교리와 교황에 관해서도 기술하고 있다.

그는 도덕관념을 염두에 두고 선비에게 중요한 것은 문文보다 덕德임을 강조했다. 그가 살았던 시기는 당론으로 시비是非가 많은 사회였음에도 이에 휩쓸리지 않았고, 관직에 있다가도 옳지 못한 것에는 진퇴進退를 분명히 해 그 시대의 성실하고 양식 있는 선비의 자세를 지켰다. 무엇보다 가장 중요한 것은 임진왜란 직후 사회적 변동기에 정통적인 성리학적 관점에서 벗어나 새로운 사상을 탐색하고 개척한 학자로서 활동했다는 사실이다.

3장

지식의 최전선, 문묘와 성균관

|

사당과 학교를 한 곳에 둔 까닭은

오늘날 성균관대학교 정문을 들어가면 오른쪽에 조선시대 성균관과 문묘가 자리 잡고 있다. 성균관成均館은 조선시대 인재를 길러내기 위해 서울에 설치한 최고 고등교육기관이고, 문묘文廟는 공자를 비롯한 성현聖賢의 위패를 모시고 제향을 지내던 사당이다.

성균관을 매개로 한 우리나라 교육의 역사는 멀리 삼국시대까지 거슬러 올라간다. 고구려는 372년(소수림왕 2)에 태학太學을 설립했고, 신라는 682년(신문왕 2)에 국학國學을 세워 인재를 양성했다. 백제는 교육기관을 설립했다는 기록은 없으나 고흥을 박사로 삼았다는 기록으로 보아 일찍부터 교육이 이뤄졌음을 알 수 있다. 이후 고려시대는 992년(성종 11)에 국자감國子監을 설치해 교육을 실시했고, 1308년(충렬왕 34)에 국자감이 성균관으로 개칭됐다.

조선시대 성균관은 태학太學·반궁泮宮·현관賢關·근궁芹宮·수선지지首善之地 등으로도 불렸다. '성균成均'의 의미는 '인재가 아직 미숙한 것을 완성해주고[成人材之未就], 풍속이 고르지 못한 것을 균평하게 해준다[均風俗之不齊].'는 뜻이다. 《주례周禮》에 의하면 성균이라는 용어가 처음

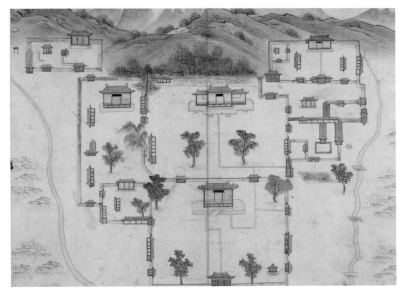

사용된 것은 주나라 오학^{五學} 가운데 음악을 통해 조화의 정신으로 이상적 인격과 사회를 구현하는 것을 목표로 한 남학^{南學}을 성균이라 한 데서 기원한다. 이를 종합할 때 성균관의 의미는 인재양성과 풍속순화에 목표를 두고 있었으며, 그 매개로 작용한 것이 유학이었다.

고려시대 국자감과 조선시대 성균관은 기능적인 면에서 약간의 차이가 있다. 국자감은 기술학과 인문학을 모두 가르친데 반해 성균관은 이를 분리했다. 즉 율학^{律學}·서학^{書學}·산학^{算學} 등의 기술학부는 따로 기관을 설립해 교육시켰다. 성균관은 명실공이 유학 교육만을 전담하는 최고학부였다. 이른바 오늘날 대학을 진학할 때 문과와 이과로 구분되는 예와 비슷하다고 할 것이다.

성균관에서 가장 중심이 되는 공간은 문묘다. 문묘를 처음 설립한 것은 714년(성덕왕 13)이다. 당시 김수충金守忠이 당나라에서 공자와 10철, 72제자의 얼굴을 그린 화상畫像을 가지고 와서 왕명에 의해 신라 교육기관인 국학國學에 설치하면서 시작됐다.

문묘 대성전大成殿에는 공자를 중심으로 그의 제자인 4성四聖, 즉 안자顔子·증자曾子·자사자子思子·맹자孟子를 중앙에 배향配享하고, 좌우에는 공자 문하에서 가장 뛰어난 제자 10명과 우리나라의 뛰어난 유학자 18명의 위패를 모셨다. 대성전 아래에는 좌우로 동무와 서무가 있는데, 이곳에 중국과 우리나라 현인의 위패를 모셨다. 동무에 58명, 서무에 54명을 봉안했다. 문묘에 공자를 비롯한 동방의 성현을 모신

문묘 삼문

석전대제

것은 성균관 학생들이 이들을 모델로 삼아 학문에 열중하여 인성을 닦고 나라에 필요한 인재로 거듭나라는 의미가 있다.

대성전으로 들어가는 정문은 삼문三門이다. 이중 가운데 문은 위패가 들어가는 곳이기 때문에 평소에는 항상 잠가놓았다. 이외에도 문묘 안에는 제례에 쓰이는 물건을 보관하는 제기고, 제례를 지내는 향관이 임시로 거처하기 위한 향관청, 문묘를 지키는 노비들의 숙소인 수복청 등의 건물이 있었다.

문묘에서는 정기적으로 제향祭享을 지냈다. 매년 봄과 가을에 석전제釋奠祭를 지냈고, 매월 초하루와 보름에는 삭망제朔望祭를 지냈다.

성균관 은행나무

성현에 대한 예를 표하는 유교 의례를 통해 백성을 교화하고, 성리학적 통치 이념을 확산시키고자 한 것이다. 지방의 경우는 향교에서 제향을 지냈다. 이러한 제향의례는 오늘날까지 이어져 내려오고 있다. 지방 향교에서 유림들이 모여 같은 날 일제히 석전제를 지내고, 중앙의 성균관에 모여서도 제를 올리는 것은 유구한 역사성을 바탕으로 이어져오고 있는 의식 가운데 하나다.

　성균관에서 학생들이 모여 학문을 배우는 공간은 명륜당明倫堂이다. '인간의 도리를 밝게 하는 곳'이란 뜻이다. 성균관 유생들은 이곳 명륜당에서 강의를 듣고 시험도 보고 토론도 즐겼다. 명륜당 앞쪽에는 성균관에 입학한 유생들이 먹고 자면서 공부하는 동재東齋와 서재西齋가 있고, 책을 보관하고 빌려주는 도서관인 존경각尊經閣이 자리하고 있다. 이외에도 성균관에는 유생들의 학업 관리와 교관의 인사 등을 담당하는 관원들이 근무하는 정록청, 유생들에게 필요한 재정을 관리하는 양현고, 유생들이 모여 과거시험을 치르던 비천당丕闡堂 등의 건물들도 있다. 이 같은 각종 건물들은 한 번에 완공된 것이 아니라 시대를 거치면서 단계적으로 건축됐다.

오늘날 성균관에는 문화재로 지정된 은행나무가 있다. 과거 공자가 은행나무 아래에서 제자들을 모아 놓고 예를 가르쳤다는 말에 따라 심은 나무다. 중종 때 대사성 윤탁이 유생들에게 학문의 근본에 힘쓰라는 의미로 심은 것이 오늘날까지 무성하게 자라 있다. 실제로 조선시대 성균관 유생들은 은행나무 아래에 앉아 책을 읽곤 했는데, 이러한 연유에서 성균관을 '행단'이라 부르기도 한다.

문묘와 성균관은 조선시대 우수한 인재들이 전국에서 모여 성현을 모시는데 예를 다하고, 그들의 가르침과 교훈을 직접 실현하고 경험하면서 배우고 익혀 나라에서 필요로 하는 인재로 거듭나게 위해 노력하던 곳이다. 나라에서는 이들 인재를 활용해 국가의 기틀을 바로잡고 성리학적 통치이념을 널리 퍼뜨리기 위해 적극적인 지원과 용기를 불어넣었다. 이처럼 전근대 문묘와 성균관은 나라의 이념과 철학을 근본적으로 떠받치고 있는 가장 중요한 공간이자 장소였다.

조선이 최고 지식인을 가르치는 방법

성균관에서 중요한 인적 자원의 구성은 학생들과 이를 가르치는 교관, 그리고 이들이 편리하게 학문에 전념할 수 있도록 지원하는 하층민들로 구성되어 있다.

《경국대전》에 의하면 성균관의 직제는 지사(정2품, 겸관) 1인, 동지사(종2품, 겸관) 2인, 대사성(정3품) 1인, 사성(종3품) 2인, 사예(정4품) 3인, 직강(정5품) 4인, 전적典籍(정6품) 13인, 박사(정7품) 3인, 학정(정8품) 3인, 학록(정9품) 3인, 학유(종9품) 3인으로 모두 38명을 두고 있다. 이 가운데 지사는 대제학이 겸임하고, 동지사는 당상관 중에 한 사람이 겸직했기 때문에 실질적으로 성균관을 책임지는 사람은 세 번째로 품계가 높은 대사성이었다.

또한 사성 이하 전적 이상의 관원 중 5인은 종친의 교육을 담당하는 특별한 임무를 맡아 종학宗學의 교관을 겸했다. 전적 이하의 관원 중 16인도 서울 사학四學의 교관을 겸하고 있었다. 따라서 실제로 성균관의 교육을 전담하는 인원은 14명이었다. 이에 부족한 교관 수를 메우기 위해 과거시험에 막 급제한 사람에게 교육을 맡기는 일도 적지 않았고, 문관의 당상관 중에서 명망 있는 사람을 4명 정도 선발해 돌아가면서 특강을 담당하도록 하기도 했다. 성균관 교관들은 특별히 정해진 임기가 없었는데, 다만 교육의 흔들림이 없도록 하기 위해 정5품의 직강 이상 중에서 반드시 1명을 최소 30개월 근무하도록 했다.

성균관의 교관들은 조선 최고의 인재양성을 담당하는 만큼 학문적인 능력이 탁월하고, 유생들에게 모범을 보일 수 있도록 덕망과 풍부한 경험을 갖춘 이들로 구성됐다. 교육은 백년의 미래를 만드는 중요한 계획이라는 말이 있듯이, 조선시대 성균관이 지향하는 교육의 가치와 목표는 매우 높았기 때문에 최고의 교관을 임명하도록 노력했다.

성균관 명륜당

　하지만 당시 성균관의 교관을 거친다고 해서 특별히 좋은 보직이
나 승진이 보장되는 것은 아니었다. 이로 인해 조선 후기로 갈수록 성
균관 교관으로 임명되기를 꺼렸고, 막상 임명이 되면 여러 가지 이유
를 대면서 사직 상소를 올리는 사람이 많았다. 성균관 대사성을 지낸
윤상이 스승의 표본이 된 것은 그래서다. 윤상은 훌륭한 제자를 양성
하는 것을 가장 큰 보람으로 여기며 무려 15년 동안 후학 양성에 힘썼

다. 당시 관료들 대다수가 그의 제자일 정도였다.

성균관의 교육 내용은 가장 기본적인 《대학》《논어》《맹자》《중용》의 사서와 《예기》《춘추》《시전》《서전》《주역》의 오경이 중심을 이뤘다. 사서오경은 순서에 따라 교육했는데, 가장 먼저 《대학》을 1개월간 배우면서 학문의 규모를 정했다. 이어 《논어》와 《맹자》를 각각 4개월에 걸쳐 공부하면서 학문의 근본과 발전을 터득하도록 했다. 이후에는 《중용》을 2개월간 배우면서 옛 성인의 기묘한 사상과 철학을 이해하도록 했다.

이렇게 약 1년간 사서를 공부하고 난 이후에 오경을 공부했다. 오경 가운데 정서적인 인간 교육인 《시경》과 정치학에 관련된 《서경》, 역사를 배우는 《춘추》는 각각 6개월간 교육했다. 이른바 문학과 역사, 정치학을 배우는 것이다. 이후에 제도와 사상, 풍속 등을 망라한 《예기》와 우주의 생성 원리를 탐구하는 《주역》을 각각 7개월간 교육했다. 이렇듯 사서삼경만 공부하는데 3년 7개월이라는 시간을 보냈다.

유생들은 이미 어려서부터 사서오경을 공부하고 시험을 거쳐 생원과 진사가 된 이후에 성균관에 들어온 사람들이다. 이들에게 다시 같은 과목을 가르치는데 약 4년여의 시간을 소요하는 셈이다. 그 이유는 머리로 아는 내용이라도 반복적으로 가르쳐 유생들이 성리학적 인간상에 한층 가까워지도록 하려는 목적이 있었기 때문이다. 확고한 철학적인 소양과 기초를 바탕으로 행실이 바르고 도덕을 겸비한 사람으로 양성해 바로 실무에 투입할 수 있는 인재로 만들기 위한 교육 과정인 셈이다.

이 과정을 거치면 《근사록近思錄》《성리대전性理大全》《통감通鑑》《좌전左傳》《송원절요宋元節要》《경국대전》《동국정운》 등의 과목을 배우며

역사학 교육을 보강했다. 이밖에 문장을 짓는 교육도 실시했는데, 시詩·부賦·송頌·책策과 같은 글을 짓는 방법을 비롯해 왕희지王羲之와 조맹부趙孟頫의 필법을 익히게 했다. 간결한 문체와 뜻이 잘 통하는 문장을 짓고 글씨도 깨끗하게 써야 높은 점수를 받을 수 있었다. 문장을 잘 짓는 것은 특히 외교문서를 작성하거나 외국 사신과의 교섭을 위해 반드시 필요한 덕목이었다.

교육 운영의 마지막은 시험이다. 모든 유생들은 줄기차게 면접시험과 필기시험을 치렀다. 일고日考는 매일 그날 배운 내용을 제대로 익혔는지 시험하기 위해 유생들 가운데 무작위로 2명을 뽑아 교관과 마주앉은 상태로 질문하고 답을 들었다. 순고句考는 10일에 한 번씩 문장 짓는 시험을 치르는 것이다. 요즘의 논술시험과 비슷하다고 보면 된다. 월고月考는 매달 말에 경전을 제대로 읽고 암기했는지를 면접을 통해 평가하는 것이다. 월고에는 예조의 당상관이 직접 참여해 유생들을 평가했고, 시험 결과는 성적순으로 순위를 매겨 기록에 남겼다. 또한 매달 성적을 종합적으로 평가해 연말에 식년시와 천거에 참작했다.

성균관 유생들에게 가장 중요한 시험은 연고年考였다. 매년 3월 3일과 9월 9일에 문장력을 시험한 것으로, 우수한 성적을 거둔 유생 3명에게는 문과 초시를 거치지 않고 바로 회시에 응할 수 있는 특권을 부여했다. 시험의 공정성을 기하기 위해 여러 명의 당상관이 시험관으로 참여했다.

성균관 유생들의 아주 특별한 나날

《경국대전》에 의하면 성균관 유생의 정원은 200명이다. 각 100명씩 생원과 진사를 선발해 생원은 동재에, 진사는 서재에 합숙하면서 생활했다. 동재와 서재는 방이 모두 28개였고, 한 방에 4명씩 함께 생활했다. 동재와 서재 아래쪽에 2개의 방을 하재라 부르고, 그 위쪽은 상재라고 불렀다. 상재에는 생원과 진사들이 기거했고, 하재에는 생원과 진사가 아닌 추가 입학생들이 생활했다.

추가 입학생은 생원과 진사 200명 정원이 차지 않을 경우에 추가로 선발해 충원했다. 그 대상은 서울 4학의 학생 가운데 15세 이상으로 소정의 시험을 통과한 자, 국가에 공을 세우거나 고위 관직을 역임한 사람의 정실 아들로서 소학 시험을 통과한 자, 향시와 한성시에 입격한 자, 조정의 관원으로 성균관에서 공부하기를 원하는 자로 규정했다. 생원과 진사를 건너뛰고 추가 입학생으로 성균관에 들어가 공부해서 문과에 급제한 경우도 많았는데, '오성과 한음'으로 널리 알려진 오성 이항복과 한음 이덕형이 대표적 예다. 이외에 왕세자들도 성균관에 들어가 수업을 받았다.

성균관 유생들은 정해진 규칙을 어기면 벌을 받았다. 처벌 대상은 성현을 숭상하지 않는 자, 거칠고 위험한 고담이론古談異論을 즐기는 자, 조정을 비방하는 자, 뇌물과 주색을 말하는 자, 오류를 범한 자, 절제력 없이 실절失節한 자, 어린 사람으로 어른을 능멸한 자, 아랫사람으로 윗사람을 능멸한 자, 사치하는 자, 국비를 낭비하는 자, 휴일이라 할지라도 활쏘기·바둑·장기·사냥·낚시 등의 놀이를 하지 못하게 한 규정을 위반하는 자, 질서를 어기거나 떠드는 자 등이 이에 해당했다.

유생들의 일과는 새벽에 노비들이 치는 북소리에 잠에서 깨어나 세수를 하고 의복을 갖춰 입은 후 아침 공부를 하는 것으로부터 시작된다. 아침 공부가 끝나면 북소리에 따라 뜰에 나와 서로 인사를 나눈 후에 식당으로 가서 아침 식사를 한다. 생원은 동문, 진사는 서문으로 들어가며, 나이나 급제한 순서에 따라 차례대로 앉는다. 추가 입학생은 생원과 진사 아래쪽에 따로 앉는다.

식사하기 전에 유생들은 모두 장부에 자기 이름을 적고 서명을 한다. 지금의 출석부로 도기到記라고 불렀다. 아침과 저녁을 먹을 때마다 출석 확인을 했고, 그 결과를 성균관 대사성이 밀봉해 보관했다가 월말에 예조에 보고했다. 식사가 끝나면 북소리에 따라 명륜당 앞뜰

문묘의 동무

에 모여 교관에게 예를 표하고 공부를 시작했다. 오전에는 교관의 강
독을 들었고, 오후에는 그날 배운 것을 읽고 풀이하면서 복습을 했다.
강독 중에는 의심나는 사항에 대해 토론을 할 수 있었고, 보다 깊이
있는 분석과 의미를 연구하는데 중점을 뒀다. 저녁 식사 후에도 복습
을 계속했다.

성균관에서 통산 300일 이상 기숙하며 공부한 유생에게는 관시館
試에 응시할 자격을 부여했다. 유생들에게는 일정한 재학기간이나 정
해진 졸업일이 없었고, 과거에 합격하는 날이 바로 졸업일이었다.

조선 후기에 편찬된《태학지太學志》에 의하면 유생들의 자치기구로 재회齋會가 있었다. 그 임원으로 학생회장 격인 장의掌議를 비롯해 색장色掌·조사曹司·당장堂長 등이 있었다. 유생들은 내부적인 문제는 재회를 통해 자치적으로 해결했다. 오늘날 학생회와 같은 성격이라고 할 수 있다. 장의는 동재와 서재에서 각각 1명씩 선발했는데, 이들은 독방을 사용하고 색장과 함께 식당에 우선적으로 들어갈 수 있는 특권이 주어졌다. 또한 차기 장의를 추천할 권한도 있었는데, 이는 조선 후기 당색과 연결되면서 폐해를 낳기도 했다.

유생들의 자치활동은 대부분 규칙을 위반한 사람에게 벌을 주는 것이었다. 때로는 조정의 문제나 세상사에 대해 토론이 이뤄지기도 했다. 조정의 부당한 처사에 대한 시정 요구, 선대 유신儒臣에 대한 문묘배향文廟配享의 요구, 이단에 대한 배척 요구 등이 있을 때는 재회를 열어 상소를 올릴 대표자를 뽑고 유소儒疏를 올렸다. 만약 자신들의 요구가 받아들여지지 않을 경우에는 집단시위나 수업거부, 단식투쟁 또는 동맹휴학 등의 실력행사로 맞섰다. 일례로 세종 때에는 경복궁 안에 내불당內佛堂의 건립을 중지해달라고 요청했고, 명종 때에는 문정왕후 사후에 불교 중흥에 앞장선 승려 보우의 처형을 요구했으며, 선조 때에는 도성 안에 있던 비구니들의 처소인 정업원淨業院의 철거를 주장했다.

왕을 비롯한 조정의 관원들은 대부분 성균관 유생이 올린 상소를 관대하게 처리했다. 차후에 나라의 동량이 될 인물들이라는 점에서 유생들의 기개를 꺾지 않기 위함이다. 한 예로 성종 때 성균관에서 유생들이 교관의 잘못을 비방한 일이 있었다. 스승으로서의 자질이 부족하고 무능하며 교관 중에 나이가 많은 자들은 모두 성균관을 떠나

문묘의 대성전

야 한다고 주장했다. 일각에서는 제자가 스승을 비난하는 것은 도리에 맞지 않는 일이라며 유생들을 벌할 것을 주장했지만, 결과적으로는 성균관 유생들의 요구를 전부 들어줬다. 유생들의 사기를 꺾어서는 안 된다는 논리가 적용된 것이다.

이외에도 성균관 유생들에게는 여러 가지 특권이 주어졌다. 성균관은 국가가 설립해 운영하는 관학이었으므로 유생들의 학업과 생활에 필요한 일체의 비용과 물품을 국가가 모두 지원했다. 성균관에 소속된 노비들은 400명 정도였는데, 이들은 성균관의 모든 잡일을 도맡아 처리했다. 노비들은 성균관 근처인 반촌에 집단으로 모여 살았는데, 그곳이 바로 지금의 대학로 일대다. 또한 성균관 유생들은 양인이라면 예외 없이 감당해야 할 군역과 잡역에서 모두 제외됐고, 사학에서 수학하는 일반 양반자제들보다 관직으로 나갈 수 있는 기회가 더 많이 자주 제공됐다.

문묘와 성균관 건물에 숨겨진 비밀

우리나라 문묘와 성균관 건물은 개성과 서울 두 곳에 남아있다. 두 곳 모두 고려와 조선의 수도였기 때문에 그 시대 최고의 교육기관으로 설립되고 운영됐다.

고려시대의 문묘와 성균관 건물은 교육 공간인 명륜당이 앞에 있고, 공자와 성인을 모시는 대성전이 뒤에 위치한 전학후묘前學後廟의 형태다. 대성전에는 오성과 10철의 얼굴을 흙으로 빚은 소상塑像을 모셨고, 한때는 얼굴을 그린 초상肖像을 모시기도 했다. 대성전 아래 좌우에 위치한 동무와 서무에는 70제자의 이름과 죽은 날짜를 적은 위판位版을 보관했다.

반면 조선시대에는 학생을 가르치는 공간인 명륜당이 뒤에 있고, 공자를 비롯한 성인을 모신 공간은 앞쪽에 배치한 전묘후학前廟後學의 형태였다. 고려 때 성현의 소상을 조선에선 위판으로 대체했고, 동무와 서무에도 우리나라의 모범이 되는 유학자의 위판을 모시는 형태로 변화했다. 이것이 고려와 조선시대 문묘와 성균관의 큰 차이점이다. 소상을 위판으로 대체한 것은 1457년 명나라가 소상을 위판으로 고친데 따른 것이다.

성균관과 문묘 건물은 조선 초기 1398년(태조 7)에 처음 건축됐으나 불과 2년 뒤인 1400년 화재로 소실됐다. 이후 1407년(태종 7)에 다시 지어 올렸지만 1592년(선조 25)부터 1598년(선조 31)까지 7년간 임진

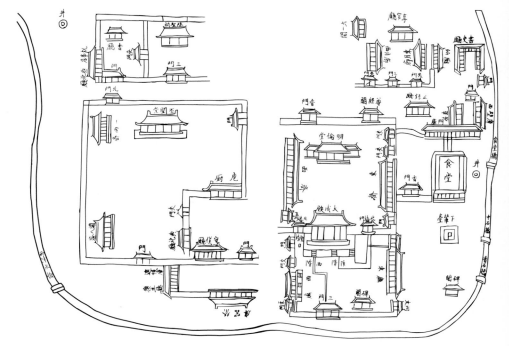

성균관과 문묘 배치도

왜란을 거치면서 대부분이 소실됐다. 전쟁이 끝난 후 성균관 유생들
은 전국적으로 자금을 모아 1601년(선조 34) 문묘 대성전을 새로 짓기
시작했고 이듬해 완공했다. 그리고 동무와 서무, 신문과 중문 건축을
1603년(선조 36)에 착공해 이듬해 완공하면서 문묘 일원에 대한 중건
을 완료했다. 이어 성균관 명륜당과 동재·서재가 1606년(선조 39)에 중
건됐고, 나머지 존경각·정록청·양현고 등은 1626년(인조 4)에 재건되어
오늘에 이르고 있다. 고종 때 한 차례 보수를 거치기는 했으나 현재의
건물은 400여 년이 넘는 건물로 그 역사성을 간직하고 있다.

문묘 대성전은 정명 5칸, 측면 4칸 규모로 전체 면적은 20칸 건물이다. 건물 면적만 보면 창덕궁의 인정전과 동일하다. 건물 전면의 한 칸은 툇간으로 개방해 당堂을 이루고, 그 뒤의 실室은 벽으로 둘러싸인 감실형龕室形 공간으로 묘당건축의 전형을 보여준다. 벽 아랫부분에는 돌아가면서 낮은 벽담을 둘렀고, 전면의 툇간에서 실내로 들어가는 문은 홀수 칸마다 3곳에 두 짝 판문을, 나머지 칸에는 살창을 달았다.

기단基壇은 건물을 지을 때 바닥에 흙이나 돌을 쌓고 다져서 지반을 단단하게 만드는 것으로, 일반적으로 건물의 습기나 침하를 막기 위해 지면보다 높게 만든다. 대성전은 전체적으로 2중 기단으로 만들었는데, 기단 위에 자연석을 깎아 만든 편편한 전돌을 깔고 그 위에 원형 주춧돌을 놓았다. 기단 위의 처마는 겹처마이고, 지붕은 팔작지붕이다.

대성전의 기둥은 원기둥이다. 기둥머리는 물론이고 기둥과 기둥 사이에도 공포를 배열하는 다포多包 양식으로 지었다. 공포栱包는 처마의 하중을 떠받치기 위해 기둥머리와 기둥 사이에 나무를 짜 맞춘 것을 말한다. 반면 강릉향교의 대성전은 지붕의 무게를 분산시키기 위해 기둥 위에 공포를 만드는 주심포柱心包 양식으로 지어졌다. 지붕도 맞배지붕으로 차이가 있다.

문묘와 성균관 건축의 특징은 하나의 축軸을 중심으로 동서로 좌우 대칭된 모습으로 건물을 배치했다는 점과, 공간적으로 존현 공간인 문묘를 앞쪽으로 배치해 우위에 놓은 점이다. 이밖에 다른 특성은 대성전 아래 동무와 서무 내부에 칸막이를 두지 않아 웅장함을 강조했고, 주변의 다른 건물들 중에서도 월등하게 기단을 높게 만들어서 신성한 공간임을 드러냈다.

닮은 듯 다른 동아시아 교육기관

전근대 시대 동아시아 국가들 대부분은 정부가 교육기관을 설립해 운영했다.

기록을 근거로 할 때 가장 빨리 교육기관을 세운 나라는 중국이다. 《예기》에 의하면 주나라가 왕경에는 벽옹, 제후국에는 반궁이라는 대학을 두었다는 기록이 있다. 오늘날 중국에는 북경과 남경에 국자감과 공묘가 남아있고, 베트남에는 하노이와 호이안에 국자감과 문묘가 있으며, 우리나라에는 개성과 서울에 성균관과 문묘가 남아있다. 시간과 공간을 뛰어 넘어 세 나라 모두 유학 교육의 최고 기관으로서 진정성을 가지고 지금까지 오랜 기간 유지되어 왔다는 점에서 그 의미는 지대하다고 할 것이다.

세 나라의 공통점은 여럿 발견되는데, 우선 국자감(성균관)과 문묘(공묘)가 같은 공간에 건축되고 운영됐다는 점이다. 이는 세 나라 모두 성인과 현인을 모시는 제향祭享과 학문을 닦고 연구하는 강학講學의 기능을 동시에 추구했고, 이것이 오랜 기간 인재양성의 기본이자 국가운영의 기틀이 되었다는 것을 의미한다. 교육과정도 공자의 시서예악詩書禮樂을 중심으로 인문학에 높은 비중을 두고 있는 것이 대동소이하다.

한편 세 나라 모두 전근대에 세운 국가 교육기관과 문묘가 동일하게 2개씩 남아 있다. 이는 수도를 여러 번 옮기면서 생겨난 현상인데, 국가가 운영하는 학교와 사당인 만큼 수도를 옮길 때마다 새로 지었기 때문이다.

중국은 주나라 때부터 대학인 벽옹을 설립해 시서예악을 중심으

북경의 국자감 대성문과 대성전

로 인재를 양성했다. 한나라 때 태학, 당나라 때 국자감으로 바뀌면서 체계가 확립됐다. 중국의 국자감은 청나라까지 유지됐는데, 과거제도와는 별개로 관인으로 나갈 수 있는 출사의 길이었다. 그래서 과거제도가 활발하고 제대로 이뤄지는 시기에는 상대적으로 국자감의 역할이 약화됐고, 국자감 출신보다는 과거 시험을 거쳐 관리로 나간 사람을 더 인정해줬다.

베트남의 국자감은 11세기 후반에 설립됐다. 교육을 통해 인재를 양성하고, 국자감을 통해 유학을 갖춘 문신관료를 선발하려는 목적은 다른 나라와 동일하다. 베트남은 국자감을 설립하기 전까지 인재 교육을 주로 사원에 의존했으나, 국자감을 설립한 이후부터 유교를 기반으로 한 체계적인 교육이 이뤄지기 시작했다. 베트남 호이안의 국자감에 있는 진사제명비進士題名碑는 진사에 합격한 인물들의 명예를 기리기 위해 세운 비석으로, 세계기록유산에 등재되어 있다. 중국의 공묘도 세계유산으로 등재됐다.

한편 중국 국자감의 건축 구조는 제향 공간과 강학 공간을 동서의 병렬구조로 배치한 동학서묘東學西廟 형태다. 반면 한국과 베트남은 이와 반대로, 전묘후학의 형태로 배치해 제향 공간과 강학 공간을 앞뒤로 배치했다. 특히 제향 공간을 더 중요시해서 앞쪽에 배치한 것이 특징이다. 우리나라는 고려와 조선이 또 다른데, 개성에 있는 성균관과 문묘는 문묘를 뒤로 배치한 전학후묘의 형태로 조선의 것과 배치가 다르다. 이처럼 각 나라별로 유학을 받아들이고 건축으로 표현하는 것은 각기 가지고 있는 고유한 특성이 작용한 것이라고 볼 수 있다.

일례로 하노이 문묘의 중심 공간은 중국 송대의 건축 구조를 본

베트남 대성전과 명륜당

받았지만, 입구에 여러 개의 원院을 구성하고 대성전에 작은 문루와 방형 연못을 배치한 것은 중국의 것과 또 다르다. 이외에도 중국은 황색 유리기와를 사용해 화려함을 부각시킨 반면, 한국은 용마루를 회반죽으로 하얗게 칠하는 양성兩城바름을 해서 존귀함을 강조했다.

4장

조선의 글로벌 신지식인, 역관

가장 먼저 조선의 운명을 걱정한 사람들

오늘날 각 가정에는 대부분 한 대의 컴퓨터를 가지고 있다. 불과 10여 년 전만해도 컴퓨터가 있는 집은 다른 이들보다 경제적으로 여유롭다 했으나, 정보화 대국을 지향하는 현재는 컴퓨터 없는 가정을 손꼽을 정도다. 초기에는 컴퓨터를 이용해 간단한 오락을 즐기거나 문서를 편집하는 수준에 지나지 않았지만, 이제는 대다수 사람들이 인터넷을 통한 정보여행을 즐기고 있다. 컴퓨터뿐 아니라 스마트폰을 통해서도 인터넷을 즐기는 단계에 와 있다.

인터넷은 우리에게 많은 지식정보를 제공해준다. 그 어떤 궁금한 것도 빠르게 답을 알려주는 만능 해결사다. 세계 각국에서 일어나는 모든 일들도 분초 단위로 전달해 세계를 가까운 이웃으로 착각하게 만들기도 한다.

그러나 전근대 사회인 조선시대에는 빠른 정보를 얻기가 매우 힘들었다. 교통이나 언론매체가 활성화되지 못했기 때문에 국내에서 일어나는 일들도 여러 달이 지나야 알 수 있었다. 아예 정보를 접하지 못하는 경우도 허다했다. 국내 사정도 이러한데 외국에서 일어나는 사건이나 지식정보를 획득하는 것은 더욱 어려운 일이었음을 짐작하고도 남는다.

조선시대 외국과의 접촉은 대부분 중국이나 일본이었고, 아무리 범위를 넓혀봐야 동남아시아 국가들과 북방에 있던 소수민족들과의 교류가 전부였다. 이들과의 교류는 사신의 왕래를 통해 이뤄졌는데, 그때마다 경제적인 무역의 교류와 함께 상대국가에서 일어난 일들을 탐문과 견문을 통해 접할 수 있었다. 특히 조선은 중국과의 교류를 통해 많은 문물을 접했는데, 그 핵심적 위치에 있었던 사람들이 바로 사신과 동행한 통역관들이었다. 통역관은 신분제가 공고했던 조선시대에 중인中人에 지나지 않았지만 전문적인 지식을 바탕으로 자신들의 위치를 확고히 하고 있었다.

조선은 1876년 개항과 함께 외국의 문물을 본격적으로 받아들이기 시작했다. 하지만 갑작스런 개항으로 인해 외국 문화의 충격을 바로 소화하지는 못했다. 그런데 당시 조선이 개항의 물결을 받아들이기 이전에 이미 세계사의 흐름을 내다보며 조선의 운명을 걱정한 사람들이 있었으니, 바로 역관이다. 외국의 발전하는 문물을 가장 빨리 접할 수 있었던 역관들은 원활한 언어 소통을 기반으로 변화해가는 세계 질서의 흐름을 직시할 수 있었다. 그 선봉에 있던 사람이 바로 오경석이다.

대를 이어 부를 축적한 역관의 가문

오경석은 1831년(순조 31) 음력 1월 21일에 서울의 중부 장교동長橋洞에서 태어나 1879년 49세로 짧은 생을 마감했다. 조선시대 중부 장교동은 오늘날의 중구 장교동으로, 청계천에 놓여 있던 장통교를 사이에 두고 종로구 관철동과 마주보고 있던 곳이다. 이 일대는 조선시대에 중인들이 집중적으로 모여 살던 곳으로 아랫대라고도 불렀다.

오경석은 조선시대의 역관이자 서화가書畵家이며 금석학자金石學者로서 다양한 재주를 지닌 명석한 사람이었다.

그의 본관은 해주海州이며, 자子는 원거元秬다. 호는 처음에 진재鎭齋라고 썼다가 중국을 여행할 무렵부터 역매亦梅·야매野梅·일매逸梅라고 썼는데, 이 가운데 역매가 가장 널리 쓰였다. 그가 살았던 집의 당호堂號는 천죽재天竹齋다. 당호는 중국 원나라의 화가였던 매화도인梅花道人 오진吳鎭의 작품에서 취한 것이다. 그는 어려서부터 오진을 흠모해 그의 이름자와 호에서 글자를 따서 자신의 호를 지었다.

오경석의 가문은 조선 전기 중종 때까지 양반계층 중에서 비군사직 관원인 문반文班의 집안이었으나, 중종대 이후부터 후손들이 역과譯科와 의과醫科에 응시하면서 중인의 신분으로 전환했다. 특히 숙종 때부터 조선 말기 오경석의 아들인 오세창이 역과에 합격하기까지 8대를 거치는 동안 계속 20여 명의 역관을 배출해 명실상부한 역관의 집안으로 자리를 굳혔다. 오경석의 아버지 오응현吳膺賢은 18세에 역과에 합격했고, 역관의 최고직인 정3품의 당상역관堂上譯官을 거쳐 지중추부사知中樞府事의 명예지위에 임명된 인물이다. 그는 오경석을 장남으로 5명의 아들과 딸 하나를 두었는데, 아들 모두가 역과에 합격해 다시 한 번 역관의 집안으로 이름을 날렸다.

당상역관에 올랐던 오경석의 아버지는 중국을 여러 차례 왕래하면서 무역을 통해 많은 돈을 벌었다. 역관들은 일정한 양의 인삼을 중국으로 가지고 갈 수 있었기 때문에 이를 비싼 값에 팔아서 중국의 문물을 사들이고, 이것을 조선에 와서 비싼 값에 되파는 방법으로 부를 축적했다. 나아가 중국의 물건을 일본에 넘기는 이른바 중개무역을 통해 경제적인 부를 축적할 수 있었다.

오경석은 8세부터 집안에 독선생을 두고 역과에 대비한 준비를 했다. 경제적으로 부유한 덕택에 독선생을 두고 학문을 할 수 있었으며, 대대로 내려오는 가문의 가풍에 따라 자연스럽게 역관의 길을 걷기 위한 기반을 닦았다.

그의 선생은 아버지의 동료이자 당대의 탁월한 시서가詩書家인 이상적李尚迪이었다. 스승의 영향을 받아 어려서부터 쇠로 만든 종이나 비석에 새긴 글자인 금석문과 글씨와 그림을 뜻하는 서화에 취미를 갖기 시작했다. 글씨는 예서隷書, 그림은 매화를 즐겨 습작하곤 했다. 어린 나이에도 매우 영민하고 어른스러워서 스승의 총애를 받았다.

망우리공원 오세창 무덤

그의 스승 이상적은 역과에 수석으로 합격한 인재로, 오경석이 역관이 된 이후에도 지속적으로 그의 뒤를 보살펴 주었다. 또한 오경석이 인품과 실력을 배양하는데 결정적으로 많은 영향을 미쳤던 인물이기도 하다.

스승인 이상적 이외에 오경석의 어린 시절 많은 영향을 줬던 인물로 정유(貞蕤) 박제가(朴齊家)를 들 수 있다. 박제가는 북학파(北學派) 실학자로, 조선 후기 선진문화의 유입을 적극적으로 받아들여 부국강병을 일으키자고 주장한 인물이다. 오경석은 박제가의 서화(書畵)를 자신의 서재에 걸어놓고 생활했을 뿐만 아니라, 그가 지은 서적을 모두 구해 애독했고, 박제가가 지은 《북학의(北學議)》와 시문을 정성스럽게 필사하기도 했다. 이처럼 오경석은 어려서부터 박제가와 이상적을 통해 정신적·교육적 감화를 받으면서 성장했다. 특히 박제가를 개인적인 스승으로 여기고 일찍부터 그의 글과 작품을 통해 실학정신을 접했다.

오경석은 16세 되던 해인 1846년(헌종 12)에 역과 식년시(式年試)에 한학으로 합격해 역관으로 입문했다. 16세에 역관이 된 그는 사역원(司譯院)의 한학습독관(漢學習讀官)으로 있으면서 한학 공부를 계속했다. 18세에 결혼했으나 부인이 일찍 세상을 떠났고, 1856년 다시 결혼해 아들을 낳았다. 그가 바로 일제강점기에 독립운동을 전개한 오세창(吳世昌)이다.

시대를 앞서간 오경석의 외교활동

역관에 합격한 후 사행(使行)을 따라 중국을 처음으로 간 때는 그의 나이 23세다. 오늘날 23세면 한창 대학생활에 푹 젖어 있을 나이인데, 한 나라의 외교 특사를 모시고 도포자락을 휘날리며 상투를 튼 청년

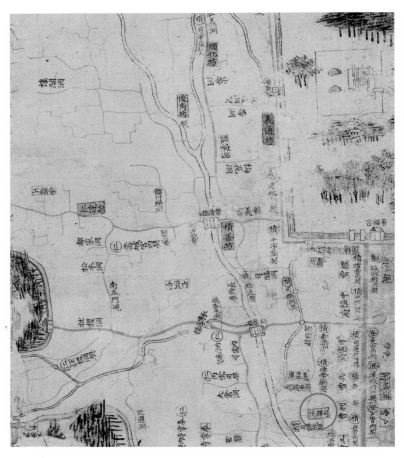

〈도성대지도〉의 사역원(서울역사박물관)

이 통역관으로 북경을 갔으니 그 모습을 상상해 보면 가히 웃음이 머금어진다.

　오경석은 1853년 4월 청국의 수도 북경에 가서 이듬해 3월까지 머물면서 새로운 문물을 접하고 중국 동남지방의 인물들과 교유했다.

그러는 사이에 청년 오경석은 견문과 시야를 넓힐 수 있었고, 정신적으로도 큰 충격을 받기에 충분했다. 1854년 3월 조선으로 돌아온 후 그해 10월에 다시 중국을 간 것을 시작으로 오경석은 매년 10월에 중국에 갔다가 3월에 돌아오는 일정을 7차례 반복했다. 이후에도 1875년까지 모두 13차례 중국을 다녀왔으니 22년간 그의 젊은 시절은 중국의 수도 북경과 서울을 왕래하는데 모든 시간을 보냈다고 해도 과언이 아니다.

이 기간 동안에 오경석은 자신의 특기인 금석문에 관한 탁월한 지식과 어려서부터 익힌 서화를 바탕으로 북경의 젊은 지식인들과 개인적인 친분을 맺었다. 그리고 이 인맥을 통해 중국에서 나오는 새로운 문물과 책들을 구입할 수 있었다. 당시 오경석과 교류했던 중국인 인사가 무려 60여 명에 달했다. 그는 이들과 수시로 편지를 교환하면서 정보를 주고받았고, 각종 서적의 구입과 외교업무 수행에 있어서도 많은 도움을 받았다. 특히 당시 교유하던 중국의 인맥들 중에는 청나라 조정의 보수정치에 불만을 갖고 개혁을 주장하던 청년들이 있었는데, 그들이 중국 조정에서 일정한 역할을 수행하고 있어서 이들을 통해 병인양요丙寅洋擾 때 많은 도움을 받기도 했다.

오경석의 다양한 외교활동 가운데 우리의 주목을 끄는 것은 서양 세력이 조선을 침략할 당시의 활동이다. 즉 프랑스 함대가 침략해 대원군 정권과 대결했던 병인양요丙寅洋擾, 미국의 군함이 침략한 신미양요辛未洋擾, 그리고 1876년 일본의 침략으로 개항을 하게 되는 병자수호조규(강화도 조약) 체결에 이르기까지 외교 업무의 선두에서 두드러진 활약상을 보였다.

1866년(고종 3) 병인양요가 일어나자 당시 대원군과 친밀한 관계

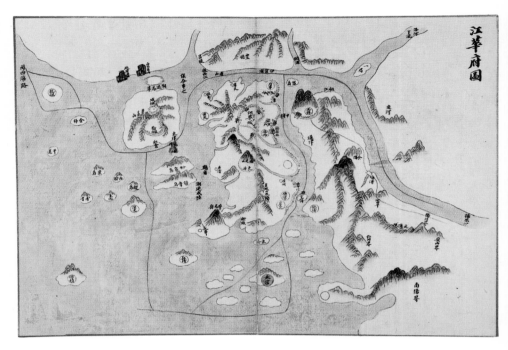

강화부도

를 유지하고 있던 오경석은 정사正使 유후조柳厚祚, 부사副使 서당보徐堂
輔, 서장관書狀官 홍순학洪淳學을 따라 급히 북경으로 파견됐다. 이들은
프랑스 함대의 침입에 대해 중국 측과 긴밀한 연락을 취하면서 대책
마련을 위한 자료 수집 활동을 전개했다. 당시 오경석은 북경의 개인
적 인맥을 총동원함은 물론이고, 중국 조정의 실무관료들과 접촉하면
서 광범위하게 자료를 수집했다.

　　당시 수집한 자료는 조선이 병인양요에 대한 정책방안을 수립하
는데 크게 기여했다. 당시 그가 조선에 보낸 정보 가운데 주목할 만한

초지진

것은 조선을 침공한 프랑스 동양 함대가 재정이 부족해 상인들로부터 백만금百萬金의 군비를 빌려서 보급을 댄 형편이므로 많은 군사가 동원될 수 없다는 점, 프랑스 함대에 적재되어 있는 군량이 부족해 그들은 싸우든 화평하든 급히 결판을 내길 바라므로 우리가 자신을 갖고 여유 있게 천천히 기다린다면 저들은 스스로 물러갈 것이라는 점, 부득이 통상하는 경우에는 우리의 물품과 저들의 금은을 무역해야지 우리의 금은과 저들의 물품을 교역하면 중국처럼 경제가 고갈될 것이라는 점 등이었다.

오경석이 조선 정부에 제공한 이 정보들은 조선의 군사작전에 있어서 매우 중요한 역할을 했다. '지피지기知彼知己면 백전백승百戰百勝'이라는 말이 있듯이 적의 취약점을 정확하게 파악하고 있었기 때문에 적의 침입에 대한 대비책을 수립하는데 결정적인 역할을 했던 것이다. 이로써 조선은 단기적인 전면전이 아닌 3개월 이상의 지구전을 지속적으로 전개한다면 프랑스 함대가 스스로 패퇴할 것이라는 전략을 세우게 됐고, 구체적인 방안을 대원군에게 제출했다. 이러한 직접적인 전략 수립 이외에도 프랑스 동양 함대가 조선을 침공하기 직전에 주청駐淸 프랑스공사관과 청나라 총리아문總理衙門 사이에 주고받은 문서를 입수해 즉석에서 필사하여 조선으로 보내기도 했다.

1871년 미국이 대통령의 국서를 보내 수호통상조약의 체결과 개항을 요청해 왔다. 오경석은 대원군에게 이를 적극 수용할 것을 건의했다. 그는 이 기회를 통해 자주적인 개화정책을 실시하여 세계열강과 나란한 국제적 지위를 가지고 근대국가로 발돋움해야 한다고 주장했다. 그러나 당시 정권을 장악하고 있던 대원군이 강력한 쇄국정책을 추진하고 있었기 때문에 오경석의 주장은 채택되지 않았다. 뿐만 아니라 대원군에게 개국을 건의했다는 이유로 그는 쇄국정책을 반대하는 인물로 지목되어 대원군과의 관계가 소원해졌다. 이러한 사실은 다음의 회고담에 잘 나타나 있다.

신미년에 아미리가阿米利加(미국을 지칭함) 선船이 왔을 때 대원군은 거의 전권이 최고에 있었다. 그때 나는 대원군에게 도저히 외교를 열지 않을 수 없는 까닭을 설명하였다. 그러다가 미선米船(미국의 배)은 약간의 포사격을 받고 마침내 퇴거退去당하였다. 그 이래 나를 지목하기를 개

운요호

항가開港家라고 하여 어떠한 일을 건의해도 다시는 채취採取되는 일이 없었다.

이후 미국이 신미양요를 일으켜 군함을 동원해 조선을 공격했을 때는 이의 부당성을 적극 주장하고 단호하게 대응할 것을 주장했다. 오경석은 부당한 외세의 압력에는 굴하지 않고 적극 대처해야 하지만, 조선이 나아가야 할 궁극적인 방향은 자주적인 개화가 바람직하다는 확고한 신념을 가지고 있었음을 알 수 있다.

오경석은 1872년 정사 박규수와 함께 사절단의 일원으로 북경에 가서 신미양요의 뒤처리와 관련된 외교활동을 전개했다. 1875년에는 일본이 운요호사건雲揚號事件을 일으키고, 이어 이듬해 1월 군함 5척을 이끌고 강화도 앞 바다에 불법 침공해 무력시위를 전개하면서 개국

통상을 요구했다. 당시 오경석은 한어역관漢語譯官으로 대중국 외교 전문가였고 일본과의 외교에선 경험이 짧았지만, 병인양요와 신미양요 때 보여준 눈부신 외교 업적에 의해 발탁되어 대일 외교 전문가인 왜학훈도倭學訓導 현석운玄昔運과 함께 실질적인 외교 업무를 담당하는 문정관問情官에 임명됐다.

오경석은 조선의 허락 없이 강화도에 상륙하는 것은 국제관례에 없는 일이라는 점을 들어 일본 측에 강경하게 항의했다. 하지만 자주

척화비

국방력이 약화된 조선은 그의 주장을 뒷받침해줄 힘이 없었다. 그리하여 일본의 무력침략에 굴복한 조선은 1876년 2월 강화부의 연무당에서 한일회담을 진행했다. 이 회담이 진행되는 기간에도 일본 측은 함포로 위협사격을 가하는 이른바 포함외교砲艦外交를 전개했다. 오경석은 당시 회담에 참여했던 조선 측 정사 신헌申櫶과 부사 윤자승尹滋承에게 일본의 함포 위협을 즉각 중지하도록 강하게 항의할 것을 촉구했다. 이어 중국 신문에 보도된 일본의 정한론征韓論을 들어 조선의 침략을 반박

했고, 외국과의 회담에서 조선의 국기를 제작해 사용할 것을 건의하기도 했다.

당시 한일회담에 임하는 조선의 견해는 크게 대원군을 중심으로 강력한 척화론斥和論을 주장하는 쪽과 청국의 의견을 받아들여 개국開國을 해야 한다는 쪽으로 양분되어 있었다. 그러나 오경석을 중심으로 한 유대치와 박규수 등 개화세력들은 두 가지 방법이 모두 현명한 선택이 될 수 없음을 인식하고 있었다. 무조건적인 척화는 세계의 흐름을 읽지 못하는 것일 뿐만 아니라 열강의 침략을 막을 수 있는 힘도 없기 때문에 현실적으로 실현가능성이 없다고 판단했다. 반대로 일본의 위협에 굴복해 무조건적인 개국을 하는 것도 민족의 자존심을 손상할 뿐만 아니라 개국 후의 대안이 없는 상황에서 최선의 방법은 아니라고 봤다.

그럼에도 불구하고 세계 대세로 보아 끝까지 개국하지 않고 버틸 수 있는 방도가 없으니 이번의 승산 없는 전쟁을 피하고, 최대한 자주성을 지키면서 개국을 해야 하며, 그 이후의 대응방안도 마련해야 한다고 주장했다. 그러나 그의 이러한 주장이 적극적으로 받아들여지지 못한 상태에서 결국 1876년 2월 26일 강화도 조약이 체결됐고, 조선은 이른바 개국의 길로 나아가게 됐다.

역관의 가방에는 무엇이 들어있었을까

1989년 해외여행 자유화 이전만 해도 국경을 넘는다는 건 아무나 할 수 있는 일이 아니었다. 하지만 이제는 많은 사람들이 제집 드나들 듯 외국을 오간다. 관광을 목적으로 한 해외여행은 물론이고, 비즈니스

차원에서 수시로 외국을 드나드는 사람들도 많다. 공항에 가보면 해외에서 귀국한 사람들이 제힘으로 다루기 힘겨워 보이는 가방을 여럿 들고 있는 모습을 흔히 볼 수 있는데, 요즘에야 해외 직구도 많이 한다지만 여전히 해외 현지에서만 구할 수 있는 희귀품들이 있는 것이다.

그렇다면 조선시대 역관으로 중국을 모두 13차례나 다녀온 오경석은 귀국 때마다 무엇을 가지고 돌아왔을까? 오늘날과 마찬가지로 다양한 물건을 가지고 왔을 것은 자명하다. 그중 우리의 관심을 끄는 것은 단연 그 당시 중국에서 새로 발간된 책자들이다. 그는 이 책들을 북경에 서점가가 밀집해 있는 유리창琉璃廠에 가서 직접 구입하거나 현지에 있는 친구들을 통해 구해서 들고 왔다.

그가 당시 들고 온 책은 《해국도지海國圖志》《영환지략瀛環志略》《박물신편博物新編》《오비기략奧匪紀略》《북요휘편北徼彙編》《양수기제조법揚水機製造法》《지리문답地理問答》《해국승유초海國勝遊草》《천외귀범초天外歸帆草》《중서견문록中西見聞錄》 등이다.

《해국도지》는 1844년 청조 후기 사상가이자 지리학자인 위원魏源이 양이洋夷의 침입에 대비해야 한다는 문제의식을 가지고 저술한 책이다. 영국을 중심으로 세계 각국의 지리, 역사, 국방, 병기, 전술, 과학기술 등을 소개하고 있다. 당시 조선으로서는 접하기 어려웠던 외국의 선거제도에 대한 내용도 담고 있다.

《영환지략》은 1850년 청나라 지리학자인 서계여徐繼畬가 양이의 침입에 대비하기 위한 목적으로 지은 책으로, 총 10권으로 된 세계 각국의 지리서다. 세계 6대양을 지도를 곁들여 설명하고, 나아가 나라별로 지도와 지지를 상세하게 해설하고 있어 당시 동양인들이 서양을 이해하는 데 필수적인 책이었다.

《박물신편》은 서양과학의 해설서로, 영국에서 발간된 것을 중국에서 번역해 발간한 것이다. 《오비기략》은 중국에서 일어났던 태평천국운동太平天國運動의 전말을 기록한 책이고, 《북요휘편》은 중국과 러시아 관계의 역사와 지리에 대한 책이며, 《양수기제조법》은 바람의 힘을 이용해 강변에서 물을 끌어올리는 양수기 제조법을 그림과 함께 설명한 것이다. 이중 《북요휘편》과 《양수기제조법》은 오경석이 직접 필사해 조선으로 가지고온 것이다.

또한 《지리문답》은 세계의 지리를 83개 항목으로 나눠 질의응답 형태로 정리한 책이고, 《해국승유초》와 《천외귀범초》는 중국인 빈춘斌椿이 배를 타고 영국·프랑스·덴마크·스웨덴 등 유럽의 여러 나라를 여행하면서 보고 들은 내용을 기록한 기행문이다. 《중서견문록》은 중국 북경에 머물고 있던 미국인 선교의사宣敎醫師들이 서양의 자연과학·기술·역사·정치·경제·문화 등을 중국인에게 소개하던 월간지다. 이 책자들은 모두가 서양의 과학문물과 역사, 그리고 지리를 소개하는 내용을 담고 있다.

이외에도 오경석이 가지고온 것으로는 자명종自鳴鐘 등 서양문물과 중국인 친구들이 쓴 문집, 서양인과 중국인이 제작한 새로운 세계지도와 동서반구지도東西半球地圖 등이다. 이를 통해 서구문물을 접할 기회가 없던 조선 사람들은 세계에 대한 눈을 조금씩 뜰 수 있었다. 당시 오경석이 어려운 과정을 거쳐 조선에 들여온 책과 문물들은 많이 소실되기는 했지만 그의 아들인 오세창이 잘 보관하고 있다가 위창문고葦滄文庫에 기증해 지금까지 전해지고 있다.

그렇다면 오경석은 구하기도 어렵거니와 그 무거운 책들을 북경

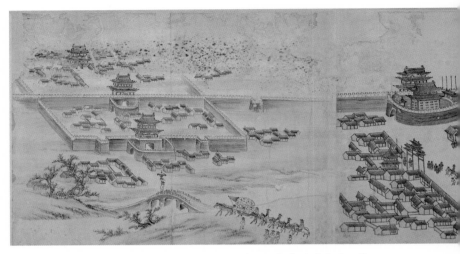

조선 사신이 중국에 간 모습을 그린 연행도(김홍도 작으로 추정, 숭실대 박물관)

에서 서울까지 장거리 육로로 짊어지는 수고를 구태여 왜 했을까. 그 답은 오경석의 아들 오세창의 회고록에 잘 나타나 있다.

> 나의 아버지 오경석은 한국의 역관으로서 당시 한국으로부터 중국에 파견되는 동지사冬至使와 그 이외 사절의 통역으로서 자주 중국을 왕래 하였다. 중국에 머무는 동안 세계 각국의 각축하는 상황을 견문하고 크게 느낀 바 되었다. 뒤에 열국列國의 역사와 각국 흥망사를 연구하여 우리나라 정치의 부패와 세계의 대세에서 멀어지고 있음을 깨닫고 앞 으로 언젠가는 비극이 일어날 것이라고 하여 크게 개탄하는 바가 있었 다. 이로써 중국에서 귀국할 때에 각종의 신서新書를 지참하였다.

이 글에서 보듯이 오경석은 조선이 외적으로는 세계열강의 약육강식

흐름을 알지 못한다는 점과, 내부적으로는 조선 정치의 부패는 물론 쇄국정책이 잘못된 것임을 간파하고 있었다. 이를 해결하기 위한 방법의 하나로 외국의 발전된 문물과 세계정세의 흐름을 알려주기에 가장 좋은 방법으로 새로운 책을 국내에 들여와 여러 사람들에게 읽게했다. 서양의 진실을 알고 스스로 깨달을 때 비로소 침입에 대비할 수 있다고 생각했기 때문이다.

그렇다면 그는 가지고온 책들을 구체적으로 누구에게 전달해 자신의 의도한 바를 달성하고자 했을까. 어찌됐든 그가 살고 있던 당시는 신분제 사회였기 때문에 중인이었던 자신의 처지에서는 정치 지도자들과의 직접적인 연결 통로가 없어 뜻을 관철하기가 쉽지 않았을 것이다. 이를 해결하기 위해 그는 가장 가까운 곳에서 해결방법을 찾았는데, 오경석의 아들 오세창의 회고록에 그 방법이 나와 있다.

아버지 오경석이 중국으로부터 신사상新思想을 품고 귀국하자 평상시 가장 친교가 있는 친구 중에 대치大致 유홍기劉鴻基란 동지가 있었다. 그는 학식과 인격이 모두 고매하고 탁월하여 교양이 매우 깊은 인물이었다. 오경석은 중국에서 가져온 각종 신서를 그에게 주어 연구를 권하였다. 그 뒤 두 사람은 사상적 동지로서 결합하여 서로 만나면 자국의 형세가 실로 풍전등화처럼 위태하다고 크게 탄식하고 언젠가는 일대 혁신을 일으키지 않으면 안 된다고 상의하였다.

어느 날 유대치가 오경석에게 '우리나라의 개혁을 어떻게 하면 성취할 수 있겠는가'라고 묻자 오경석은 먼저 동지를 북촌北村의 양반자제 중에서 구하여 혁신의 기운을 일으켜야 한다고 하였다. 유대치는 오경석과는 나이 차이가 적지만 오경석이 죽고 난 후 북촌지역과 교류를 넓혀 노소老少를 불문하고 인물을 물색하여 동지들을 모았다.

이 글에서 보듯이 오경석은 국내에서 자신과 가장 친한 벗이면서도 외국의 신서적을 읽고 이해할 수 있는 사람으로 대치大致 유홍기劉鴻基를 선택했다. 그리고 주저함 없이 중국에서 가지고온 모든 책을 그에게 주고 읽게 했으며, 보다 구체적으로 국가의 어려움을 타개해 나갈 수 있는 방법은 고위층이 몰려 사는 북촌의 양반자제들을 중심으로 세계의 흐름을 알려 대처해야 한다고 주장했다.

유홍기는 오경석과 청계천을 사이에 두고 개천 건너에 살고 있었던 사람으로, 조선시대에 같은 신분층인 중인이었다. 그도 역관의 아들로 태어났으나 방향을 바꿔 한의학漢醫學을 연구해 의약을 업으로 삼았다. 학문이 뛰어나 오경석의 아들 오세창을 가르치기도 했다. 그는 오경석이 중국에서 가져온 책을 읽으면서 세계가 급격하게 변화하고 있다는 것을 인식했으며, 그 변화가 곧 조선에도 닥칠 것임을 알았다. 그리하여 오경석의 주장대로 서울에 있는 사대부가의 자제들을 대상으로 변화하는 세계의 흐름을 알리고, 이에 대처하고자 하는 방안을 마련하고자 노력했다.

이처럼 오경석이 무겁고 힘들게 구한 책자를 유홍기에게 가져다준 목적은 바로 약육강식의 세계 흐름을 조선이 빠른 시일 내에 파악해 이를 받아들일 수 있는 토대를 마련하고, 그에 대응할 수 있는 인재를 길러야 한다는 일념에서 취한 행동이었음을 알 수 있다. 이를 위해 당시 학식과 인격 그리고 교양 면에서 뛰어난 감각과 능력을 지니고 있었던 벗인 유홍기에게 모든 책을 가져다줬던 것이다.

그렇다면 오경석이 오매불망했던 한국의 개화를 유대치는 어떤 방법을 써서 해결했을까? 유대치는 오경석의 의견대로 상류층이 집중적으로 살고 있는 서울 북촌의 영민한 양반자제들을 뽑아서 중국으로부터 구입해온 신서들과 개화사상을 교육하고, 그들을 주축으로 개화파를 형성해 나라에 일대 혁신을 일으키는 계기를 마련해야 한다고 생각했다. 그래서 1869년 평안도관찰사로 있다가 한성판윤으로 전임되어 서울로 온 박규수朴珪壽를 정점으로 젊은 인재들을 규합하기 시작했다.

이때 박규수의 사랑방에 모인 젊은 인물들이 박영교朴泳敎·김윤식金允植·김옥균金玉均·박영효朴泳孝·홍영식洪英植·유길준兪吉濬·서광범徐光範 등으로, 후에 개화파의 핵심인물로 성장해 갑신정변甲申政變의 주역이 된 청년들이다. 이들 가운데서도 유대치와 김옥균으로 연결되는 개화사상은 모두가 오경석으로부터 유래됐음을 간과할 수 없다. 이러한 사실은 오경석의 아들 오세창의 회고록에 잘 나타나 있다.

오경석으로부터 얻은 세계 각국의 지리·역사독본과 새로운 책들을 김옥균에게 읽도록 모두 이를 제공하였다. 또한 열심히 천하의 대세를 설명하고 한국 개조의 급한 뜻을 역설하였다. 오경석이 중국에서 얻은 새로운 사상은 유대치에게 전해졌으며, 유대치는 김옥균에게 전파하였고, 더욱 발전하여 김옥균의 새로운 사상을 낳게 되었다. 오경석은 한국의 개조改造를 예언한 사람이며 유대치는 이것을 지도한 사람이고 김옥균은 그것을 담당한 사람이었다.

이처럼 오경석은 조선의 젊은이들을 중심으로 한 개화파 형성에 직접적인 계기를 마련한 인물이며, 이러한 점에서 개화사상가의 효시라고 할 수 있다.

5장

조선시대 선비문화의 정수, 누정

▌

그 시절 양반들이 좋아했던 누정

누정樓亭이란 누각樓閣과 정자亭子를 합쳐 부르는 말로, 달리 정루亭樓라고도 한다.

누각은 사방을 바라볼 수 있도록 마룻바닥을 땅에서 한층 높게 지은 다락 형태의 집이다. 정자는 좁은 의미로 볼 때 건물 이름에 '정亭'자가 붙어 있고, 휴식과 함께 부수적으로 주위의 자연 경관을 감상하고자 하는 목적으로 지어진 간소한 구조의 목조 건물이다. 정자의 경우 문을 달지 않고 사방을 바라볼 수 있게 지은 것도 있고, 사람이 잠을 잘 수 있도록 일반 집과 마찬가지 형태로 문을 달아 지은 경우도 있다. 창덕궁 후원에 있는 희우정喜雨亭, 승재정勝在亭, 농산정籠山亭 등이 문을 달아서 바람을 막을 수 있도록 만든 정자들이다.

누정은 일반적으로 방 없이 마루만 있고, 사방이 두루 보이도록 막힘없이 트인 구조이며, 아름다운 경관을 조망할 수 있도록 높은 곳에 건립된 것이 특징이다. 물론 예외적으로 누정 안에 작은방을 만들기도 했는데, 창덕궁 후원의 폄우사砭愚榭, 한강변의 효사정孝思亭, 경남 함양 계곡에 있는 거연정居然亭이 그런 경우다. 주로 산과 강, 바다, 계

창덕궁 후원 관람정의 겨울

곡 등 자연을 배경으로 한 남성 위주의 유람이나 휴식 공간으로, 가옥
외에 특별히 지은 건물이 바로 누정이다.

전근대 누정의 대부분은 왕을 비롯한 지배계층 혹은 지식인들이
향유하던 시설이다. 왕은 자신이 머무는 궁궐 안에는 물론이고 한강
변에도 누정을 지어 다양한 용도로 활용했다. 선비들이나 벼슬을 하
지 않고 초야에 묻혀 살던 처사處士, 은둔자들과 벼슬에서 퇴직한 사대
부들도 자연과 어우러지는 누정을 짓고 유유자적하면서 주위의 풍치
를 즐기는 도가적道家的 삶을 살고자 했다.

하지만 일반 대다수 농민들은 자신의 누정을 소유할 경제력이 없
었을 뿐더러, 풍류를 즐길 만한 정신적·물질적 여유도 없었다. 서울뿐
만 아니라 전국 대부분의 누정들이 사대부와 왕실의 것임이 이를 반
증한다.

퇴직 관료들이 한강 이남에 모여든 이유

서울의 누정 가운데 궁궐에 있는 것을 제외하고는 과거 조선시대 그대로의 모습으로 남아있는 누정은 사실상 하나도 없다. 산업화를 겪으면서 많은 부분이 파괴되거나 소실됐고, 그나마 남아있는 것도 복원한 것이거나 전체 건물의 일부만 남아있는 상황이다. 일제강점기를 거치면서 누정을 비롯한 수많은 문화재가 무차별적으로 파괴됐고, 해방 이후에는 전쟁을 겪으면서 대부분이 잿더미로 변했다. 그나마 창덕궁 후원의 누정이 온전하게 남아있는 것을 다행으로 여겨야 할 정도다.

또 다른 원인은 누정이 위치한 서울이 수도였기 때문이다. 전국의 인구가 서울로 모여들면서 그들이 살 공간이 필요해졌다. 해방 이후에는 서울로 모여든 인구가 도성 안 뿐만 아니라 도성 밖 한강변으로 거주지를 확장하면서 한강 남북 연안에 온갖 아파트와 단독 주택들이 들어섰다. 한강 강안을 따라 남쪽과 북쪽에 시원하게 뚫린 올림픽도로와 강변북로는 마침내 한강변의 경관을 바꿔놓았고, 강변에 있던 다양한 문화유적의 흔적도 없애버렸다. 자연히 한강변에 즐비하게 있었던 누정도 모두 사라졌다.

전근대 서울 지역에 있던 누정을 중심으로 살펴볼 때 누정의 성격이나 입지 조건, 누정의 역할 등은 다른 지역과 어떻게 달랐을까?

먼저 서울 누정의 가장 큰 특징으로 궁궐 누정을 들 수 있다. 서울은 수도이자 조선시대 왕이 거주했던 유일한 곳이기 때문에 궁궐에는 많은 누정이 건립됐다. 누정이 세워졌다가 없어지고 하여 그 수를 정확하게 파악하기는 어렵지만, 왕과 왕비가 정치를 하는 공간이 아닌

경복궁 향원정 전경

후원에 주로 세워졌다. 서울이 궁궐 누정을 가지고 있다는 것은 전국 다른 지역의 누정과 비교할 때 가장 큰 차이점일 것이다.

궁궐의 누정은 매우 화려할 것 같지만 실상 그 속을 자세히 들여 다보면 매우 소박하다. 현재 남아있는 누정 대부분이 창덕궁 후원에 있는데, 궁궐 누정 중에서 가장 화려한 누정은 경회루이고, 그 다음이 향원정과 부용정, 주합루 등이다. 이중 경회루와 주합루는 왕이 쉬면서 즐기던 공간이라기보다는 국가의 중대사를 결정하는 정치공간으로서의 의미가 더 컸다.

이외에 후원에 위치한 대부분의 정자는 숲속 계곡에 물 흐르는 수로를 따라 배치돼 있다. 놀랍게도 전혀 화려하지도 초라하지도 않은 정제된 아름다움을 간직하고 있다. 최고의 권력을 소유한 조선의 왕이 놀던 정자치고는 오히려 검소하다고 보는 편이 맞을 정도다. 이것은 조선의 왕이 사치하지 않고 근검절약하며 신하들에게 모범을 보이는 성리학적 사유체계를 가지고 자연을 돌봤기 때문으로 풀이할 수 있다. 또한 자연과 동화되는 삶을 살면서 그 속에서 인간 본연의 자세를 깨닫고자 하는 노력이 있었기 때문일 것이다.

서울에는 궁궐 누정 말고도 한양 도성을 연결하는 내사산內四山의 계곡과 한강 유역에 정자가 집중되어 있었다. 내사산 중에서도 북악과 인왕산 및 남산 자락에 누정이 집중적으로 건설됐는데, 대부분 도성 안쪽에 위치했다. 정자 주인들이 직접 정치에 참여하는 세력들이었기 때문에 궁궐과 가까운 도성 안쪽에 있어야 편했을 것이다. 또한 통금에서 비교적 자유롭고, 치안의 불안을 없앨 수 있는 장점이 있으며, 내사산에서 청계천으로 모여드는 물줄기가 있는 곳은 대부분 경치가 좋았다.

한강에서는 남쪽보다는 북쪽 언덕 높은 곳에 주로 건설됐는데, 이는 도성과 가까운 곳에 위치해 있다는 지리적 이점이 크게 작용한 것으로 보인다. 조선시대에 한강을 건너기 위해서는 배가 필요했기 때문에 빠른 시간에 도성에 당도하기는 쉽지 않았다. 따라서 한강 남쪽에 누정을 짓는다는 것은 관직의 미련을 버리고 벼슬에서 물러난 후에 머무는 장소라는 인식이 강했다. 실제로 한강 이남에 있었던 대부분의 정자들을 소유하고 있던 개인들은 모두 퇴임한 관료들이었다. 내사산 가운데는 인왕산에, 한강에서는 서호에 가장 많은 정자들이 집중되어 있었다. 특히 서호에 누정이 집중된 것은 조선 후기 서울의 인구가 마포·용산·서강 일대로 확산된 것과도 관련이 있다.

서울에 누정을 지은 사람들은 왕족이나 중앙 관직에 있던 양반 관료들이 많았다. 조선 초기에는 특히 왕과 왕족들의 정자가 한강변에 많이 만들어졌고, 후기로 갈수록 사대부들의 정자가 늘어났다. 왕들이 한강에서 군사훈련도 하고, 외국 사신을 대상으로 각종 연회를 베풀기도 하면서 자연스럽게 왕과 왕족의 누정이 늘어났다. 특히 최고의 신분을 상징하는 용, 봉황, 호랑이 등을 이름 붙인 정자는 서울

에서만 만날 수 있는데, 만약 일반 사대부가 지방에서 용이나 봉황의 이름을 딴 정자를 지었다면 아마도 역적으로 몰렸을 것이다.

산에 있는 누정은 대부분 나무와 꽃, 그리고 계곡물과 암반 등이 감상의 대상이었다. 한강의 경우는 도도하게 흐르는 강물과 멀리까지 보이는 시야가 최고의 경관이었다. 오늘날에도 한강 유역에 많은 유흥업소와 별장들이 들어서고, 한강변에 위치한 아파트 중에서도 한강을 바라볼 수 있는 조망권을 가진 집이 다른 집에 비해 가격이 비싼 것을 보면 옛 사람이나 지금 사람이나 탁 트인 자연을 바라보고 싶은 욕망에는 큰 차이가 없다.

서울의 누정은 기능면에서 다른 지역과 비교할 때 왕실이나 국가

부용정과 주합루일대

용양봉저정

행사와 관련된 역할이 많았다. 모든 누정이 그런 역할을 한 것은 아니지만 특히 제천정·망원정·낙천정·화양정·용양봉저정 등은 외국 사신의 접대 장소이자 왕이 군사훈련을 점검하는 장소로 사용됐다. 이외에도 왕실 가족의 휴식처 등 다양한 기능을 수행했다.

또한 서울의 누정은 다른 지역과 비교해 활을 쏘는 장소로서의 누정인 사정射亭이 가장 많은 지역이다. 왕을 비롯한 문무 관리들이 정기적으로 활쏘기 행사를 개최했고, 나라에서도 활 쏘는 문화를 장려했기 때문에 선비들이 모여 시문을 짓다가도 활을 쏘는 것은 하나의 풍류 문화로 자리를 잡아갔다.

조선시대 누정 문화를 즐긴 주요 인물은 왕을 제외하고는 벼슬을 버리고 물러난 선비나 처사로 지내던 지식인들이다. 누각에 남긴 문화적 흔적으로 보면 현직 관리로 있는 사람들이 기여한 바도 물론 적지 않지만, 누정의 대다수를 차지하는 정자에 남긴 발자취로 보면 자연에 소요자적하거나 은둔하던 지식인들의 공이 절대적으로 크다는 것을 알 수 있다.

지식인들은 각박한 현실을 피할 수 있는 산수가 아름다운 자연을 좋아했다. 자연에서 정신적 즐거움을 찾고, 위대한 자연을 통해 삶의 방식을 배우고자 했다. 이렇게 볼 때 우리나라의 누정은 전근대 사회에 있어 지식인들이 지적 활동을 펼쳤던 곳이라고 할 수 있다. 이 시대의 지식인들은 비교적 상류의 문화계층을 형성한 사람들로, 이들이 모여 풍류를 즐기며 시문을 나누고, 당면한 정치적 경륜을 펴며 경세문제經世問題를 술회하기도 하고, 학문을 닦고 향리의 자제들을 가르치던 곳이 바로 누각과 정자다. 결국 전근대 우리 문화를 대변할 수 있는 선비문화나 산수문화는 모두 누각과 정자를 중심으로 이뤄진 누정문화와 불가분의 관계에 있는 것이다.

제4부

오래된 미래

서울에 대한 단상

1장

300년 전 시작된 서울 인문학 열풍

성리학의 나라에서 실학이 탄생하다

조선시대는 성리학이라는 학문 질서 속에서 유지되고 발전했다. 유럽의 중세를 지배한 것이 가톨릭이었다면, 조선을 지배한 것은 대체로 성리학이었다. 그러나 성리학이 처음부터 가톨릭처럼 일체의 반대와 도전을 거부하는 폐쇄적인 체제였던 것은 아니다.

조선 전기에는 성리학에 대한 자유로운 토론과 비판이 가능했고, 이를 토대로 중기에 이르러 율곡과 퇴계 같은 대학자들이 배출됐다. 그러나 17세기 중반 이후로는 송시열이 주축이 되어 성리학적 세계관에 배치되는 학설을 내놓거나 비판적인 토론을 할 경우 사문난적斯文亂賊으로 몰리는 풍토가 형성됐다. 그 결과 더 이상 학문의 발전을 기대할 수 없게 됐다. 더욱이 효종과 효종 비의 장례 절차를 놓고 벌어진 이른바 예송논쟁禮訟論爭은 성리학을 더욱 명분론으로 치닫게 만들었다. 그리고 이를 바탕으로 성리학적 세계관에 따른 지배체제를 더욱 공고히 하려는 움직임이 형성되면서 성리학은 시대 변화에 더욱 뒤떨어지게 됐다.

이처럼 성리학이 명분론에 빠져 시대 변화를 담아내지 못하고 현

송시열 초상

실과 동떨어지게 되자, 조선 후기에는 새로운 학풍으로 실학이 형성
됐다. 실학은 새롭고 실용적인 학문을 일컫는 말로 이용후생利用厚生,
경세치용經世致用, 실사구시實事求是를 구호로 삼았다.

실학은 서울의 젊은 지식인들을 중심으로 형성됐는데, 17세기 초
에 이수광이 처음으로 이론적 토대를 세웠다. 1614년(광해군 6)에 편찬
된 이수광의 대표작《지봉유설芝峰類説》은 천문과 지리, 역사, 정치, 언
어, 복식, 동물과 식물 등 방대한 주제를 담은 조선 최초의 백과사전
이다. 실학의 선구자로 불리는 이수광의 폭넓은 학식과 국제적 견문
을 바탕으로 17세기 동아시아를 아우르는 교양을 집대성한 대작으로
손꼽히고 있다.

종로와 청계천에서 꽃피운 실학사상

17세기 후반에는 반계 유형원과 성호 이익 등 서울 근교에 살던 남인 학자들을 중심으로 실학사상이 발전했다. 이때는 병자호란 이후 숭명반청崇明反淸의 북벌운동이 활발하게 벌어졌고, 노론이 주도한 소중화론小中華論이 사상계의 대세를 이뤘다.

이어 18세기 중엽 이후에는 맹목적인 소중화론에 반발하면서 시대 변화를 보다 능동적으로 수용하려는 움직임이 나타나기 시작했다. 당시 학자들의 주류 사상이었던 농업 중심의 개혁을 주장한 경세치용학파經世致用學派와 구별되는, 서울에서 주로 활동하는 학자들을 중심으로 '일상생활을 편리하게 하고[利用] 삶을 풍요롭게 하자[厚生]'는 이른바 이용후생학파利用厚生學派가 형성됐다. 《열하일기》로 유명한 연암 박지원이 대표적인 인물이다.

연암은 서대문에서 살다가 27세 되던 해에 종로 재동으로 옮겨

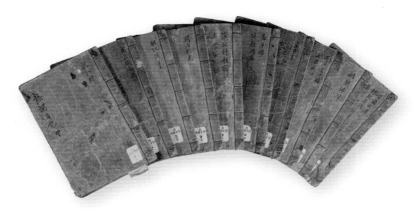

박지원의 열하일기

유득공, 이덕무, 박제가 등과 교유했다. 《발해고渤海考》를 쓴 유득공은 교서관동에서 오래 살았고, 《북학의北學議》를 쓴 박제가는 남산 밑 필동 부근에 살다가 연건동으로 옮겨 살았다. 이들은 조선 후기 정조가 개혁 정치 추진을 위해 야심차게 설립한 규장각의 외각인 교서관校書館에서 일하기도 했다.

이들은 비록 서얼 출신으로 중인계급이었지만 사대부가의 연암과도 자연스럽게 우정을 나눴다. 박제가의 기록에 따르면 이들은 종로구 탑골공원 백탑을 중심으로 가깝게 살면서 자주 만났다. 이들 가운데 박제가가 가장 어렸는데, 신혼 초야에 처가에서 빠져나와 탑골로 말을 달려 선비들의 집을 돌아다니며 술을 마시고 탑을 돌아왔다는 기록이 있다. 이것만 봐도 이들이 얼마나 끈끈하게 교유하고 있었는지 알 수 있다. 이들이 바로 이른바 북학파이다.

유형원 묘

청나라로부터 앞선 문물을 받아들여야 한다고 주장하는 이들의
출신성분은 빈부귀천이나 직업을 가리지 않고 다양했다. 묵사동에 살
던 허생전의 주인공 허생, 갑부 김홍연, 바둑을 좋아하던 누각동의 김
첨지 등 그 수를 헤아릴 수 없을 정도였다. 이들은 신분을 뛰어넘어
수시로 만나 현실적인 학문을 논하고 토론을 즐겼다. 또 서울을 북경
과 견주면서 도시 개조를 통해 조선이 변해야 한다고 주장하고, 상공
업을 장려해야 한다고도 주장했다. 동대문에서 남대문까지 시전을 건
립하고, 도심 내에 산재한 인분이나 동물의 분뇨, 재 등을 모아 농사
에 사용함으로써 도심을 깨끗이 하고, 나아가 농업 생산성을 높이자
는 주장도 제기했다.

연암 박지원의 실학사상은 그의 손자 박규수, 관철동의 유대치,
청계천 건너편의 역관 오경석 등으로 이어지면서 개항기의 개화사상
으로 발전했고, 이후 독립협회를 주축으로 한 독립운동으로 승화됐
다. 이처럼 종로와 청계천 일대는 한 시대를 고뇌하며 살았던 사상가
들의 중심지로서도 큰 의미가 있는 지역이다.

조선 후기 서울에서 태동한 중인문학

이 시기 조선의 문학도 많은 변화를 거쳤다. 17세기에 활동한 이정구,
신흠, 장유, 이식은 조선시대 한문학의 4대가로 불리는데, 이들은 양
반사대부로서 성리학적 문학관을 바탕으로 당나라의 시문과 고문을
주로 연구했다. 이에 반해 허균은 인간의 자연스러운 감정을 중시하
면서 당대의 정치부패와 사회모순을 신랄하게 비판한 한글소설 《홍
길동전》을 집필해 성리학적 문학관에 반기를 들었다. 이와 유사한 작

연암 박지원 초상

품으로 작자 미상의《전우치전》《윤군평전》《곽재우전》등이 있다.

18세기에는 성리학에 바탕을 둔 고문 중심의 문학에 반하는 새로운 체제의 문학이 등장했다. 그 중심에는 실학의 대가인 연암 박지원이 있었다.《열하일기》는 그가 조선에서 중국 청나라 사신으로 파견되어 가는 과정에서 북중국과 남만주 일대를 견문하고, 그곳 문인들 명사들과 교유한 과정과 소회를 소상하게 기록한 연행일기다. 이 책은 비속한 언어까지도 그대로 살려 썼을 정도로 사실적인 표현들을 담고 있으며, 또한 화이사상의 허구성과 무위도식하는 양반들의 위선을 거침없이 토로하는 등 비판적인 시각을 그대로 드러내고 있다.

이러한 문학 작품은 당시로서는 매우 파격적인 것이어서, 개혁군주로 일컬어지는 정조마저도 이 책이 지나치게 품위를 상실했다며 문체반정文體反正을 일으켜 새로운 문풍을 억압하고 과거로 회귀하고자 할 정도였다. 당시 정조는 문장이란 화려한 기교보다는 질박한 옛 문풍을 유지하면서 순수해야 한다고 생각했다. 복고적인 문학관을 가진 정조는 조선 초기의 최항과 서거정을 문학가의 가장 뛰어난 모범으로 인식했다.

한편, 양반사대부들의 전유물로만 여겨지던 문학에서 중인들이 활발하게 활동하기 시작했다. 18세기 후반 무렵, 재력을 바탕으로 신분상승을 이룬 중인들과 서얼들이 위항인委巷人으로 불리면서 중인문학을 태동시켰다. 이들은 서울의 인왕산, 삼청동, 청계천, 광교 일대에서 시사詩社를 결성해 문학 활동을 전개하면서 그 위상을 높여갔다. 학문적으로는 실학자들인 기호남인이나 북학파 인사들과 교유하면서 사대부 문학을 모방하기도 하고,《열하일기》와 같은 새로운 형태의 문학적 추이를 따르기도 했다.

이들이 시사를 통해 읊은 시문을 모아 발간한 책으로 홍세태의 《해동유주》, 고시언의《소대풍요》와《풍요속선》등이 있다. 또 영조 때 서리 출신인 김천택은《청구영언》을 발간했고, 김수장은 우리나라 역대 시조와 가사를 모아《해동가요》를 발간했다.

그 밖에 서민들의 인생관이나 세계관이 담겨 있는 설화집이 발간됐다. 민중들 사이에 자연발생적으로 창작된 국문소설도 유행했다. 이러한 소설들은 널리 대중의 사랑을 받았고, 청계천 일대에는 거적을 깔아놓고 지나는 행인이나 어린아이들에게 책을 읽어주는 사람들까지 등장했다. 당시의 소설들은 남녀 간의 애정 문제와 사회 문제를 함께 다뤘고, 시민 모두가 공감할 수 있는 보편적 가치를 담고 있어서 많은 사랑을 받았다.

2장

조선 수도방위의 핵심거점, 북한산성

숙종이 거센 반대에도 산성을 지은 이유

오늘날 서울 시민의 등산 코스로 사랑받는 북한산은 수려한 자연경관과 함께 역사적으로도 유서가 깊은 곳이다.

북한산 일대는 백제를 건국한 온조왕 때부터 오래도록 백제의 영향권 아래 있었다. 이후 고구려 땅이 된 뒤에는 오늘날의 서울을 포함해 북한산군北漢山郡 또는 남평양南平壤으로 불렸다.

뒤이어 북한산 일대를 점령한 신라의 진흥왕은 이를 기념해 산꼭대기에 비석을 세웠다. 비석의 이름은 '북한산 신라 진흥왕 순수비北漢山新羅眞興王巡狩碑'로, 여기서 순수巡狩란 임금이 나라 안을 두루 살피며 돌아다니는 것을 뜻한다. 재위 기간 동안 공격적으로 영토를 확장해나간 진흥왕은 자신이 개척한 영토들을 직접 돌아다녔고, 그중에서 북한산처럼 백제나 고구려와 국경이 인접한 곳에는 자국의 영토임을 천명하는 순수비를 세웠다.

이처럼 북한산은 삼국시대에 이곳을 차지하는 나라가 한반도의 주역이라고 할 정도로 삼국 쟁패의 중심지였다. 뿐만 아니라 삼국이 통일된 이후에도 북한산 일대는 군사적으로 중요한 요충지였다. 조선조에 들어와 임진왜란을 겪은 후 이덕형은 북한산에 대규모 축성을 주장했고, 숙종 37년(1711)에 오늘날과 같은 형태의 북한산성이 축성됐다. 북한산성의 축성은 이곳이 군사적 요충지였기 때문이지만, 이와 동시에 당시 정치적·사회적 변화에 따른 것이기도 했다.

첫째는 서울의 변화다. 17세기 후반부터 18세기로 넘어가는 시기에 서울은 여러 면에서 새로운 변화를 겪었다. 가장 주목되는 것은 인구의 증가다. 조선 전기 20여만 명에 달하던 서울 인구는 18세기 30여만 명에 이를 정도로 증가했다. 서울 인구의 양적 증가는 도시 공간의 확대로 이어졌고, 이는 서울의 근대적 도시화를 촉진하며 서울을 종전의 정치·행정 중심 도시에서 상업 중심 도시로 탈바꿈시켰다.

물론 서울의 이 같은 질적인 변화가 단지 인구의 증가와 공간의 확대에만 기인한 것은 아니었다. 도시 수공업의 발달과 한강을 중심으로 한 교통·운수의 발달도 동시에 진행되면서 상업도시로의 전환이 점차 가속화했다.

18세기 이후 서울의 상업도시화가 진전되는 가운데, 이곳을 생활 기반으로 하는 계층에도 변화가 나타났다. 지방과 구분해 번화한 서울과 그 인근에 거주하는 양반계층을 일컫는 이른바 경화사족京華士族들이 새로 등장하며 세력을 키웠고, 생산인구인 상공업 종사자가 크게 늘어나는 동시에 소비인구도 증가하면서 생산력과 구매력이 함께 높아졌다.

한편 사회적으로는 자연재해와 부세 부담의 불균형 등으로 인해 유민들이 대규모로 발생하고 있었다. 삶의 터전이던 농촌을 떠나고 생활이 막막해진 유민들에게 큰 규모로 상공업이 발전하고 있던 서울 지역은 일자리를 얻고 생계를 이어나가기에 최적의 공간이었다. 당시

북한산 신라 진흥왕 순수비(국립중앙박물관)

이 같은 유민들의 대거 유입은 서울의 인구가 크게 증가한 요인 중 하나로 작용했다. 하지만 부작용도 만만찮았다.

당시 서울은 대거 유입된 유민들을 구제하기 위한 진휼책의 일환으로 부유한 사람들에게 재물을 받고 형식상의 관직을 부여하는 공명첩空名帖 실시한 데 이어, 청나라에 구휼미 지원을 요청하기도 했다. 하지만 전염병이 확산되고, 인구의 급증으로 미곡 등의 물가가 급격히 치솟는 등 기존 서울 주민들의 생활을 위협하는 상황들이 계속 이어졌다.

여기에 설상가상 숙종대에 이르러 도성 내에서 5차례의 괘서가 발각되는 사건이 발생했다. 숙종 17년⁽¹⁶⁹¹⁾에는 황해도 일대를 주 무대로 활동하던 대규모 도적떼인 장길산 무리들이 체포되는 등 사회적인 불안 요인이 급증했다. 심지어 숙종 23년⁽¹⁶⁹⁷⁾에는 수백 명에 달하는 광주민廣州民이 도성으로 상경해 궁궐 문을 막고 살 길을 강구해줄 것을 요구하는 사태까지 발생했다.

이렇게 사회 불안 요인이 급증하자 서울의 변화에 편승해 부를 축적하던 양반계층과 상공업 종사자들은 혹시 발생할지도 모를 난으로 인한 생명과 재산의 보호를 위해 도성의 수비 강화를 간절하게 요구했다. 이들은 조정 안팎에서 북한산성 축성이나 도성수축론 등이 제기될 때마다 적극적인 지지의사를 표현했다. 이는 서울에 상주하던 군인들도 예외가 아니어서, 도성에 거주하는 가족들을 지키려는 욕구를 북한산성 축성 요구 등으로 표출했다. 이에 조정에서는 도성민들의 요구를 수용해 도성의 방어를 기존의 군영에 전적으로 의존하기보다는 도성 중심으로 재부를 축적한 도성민의 경제력에 기대를 걸고 이들을 동원하는 새로운 방어체제 정비를 모색했다. 그 결과가 수도 방위체제의 성립으로 나타났다.

북한산성 축성의 배경으로 주목하는 두 번째는 정치적인 측면이다.

숙종은 당시 사회적·경제적 변화에 조응하며 정치적으로는 탕평론을 본격적으로 구현하기 시작했다. 탕평이란 특정 당파에 치우치지 않은 인사정책과 정치 운영을 말한다. 숙종은 조정 대신들은 물론이고 군사적으로도 탕평론을 펼치며 왕에 의한 군사력 장악을 추진했다. 성공적인 탕평정치 구현을 위해서는 군사력 장악이 관건이기 때문이다.

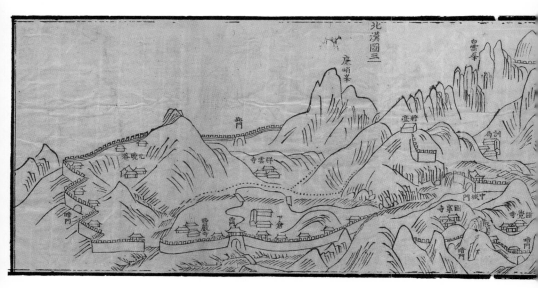

북한지 북한도

임진왜란 이후 설치된 군영들은 명목상으로는 왕에게 통수권이 주어졌지만, 실질적으로 각 군영대장에 의해 군령과 군정이 이뤄졌다. 그렇기에 각 군영은 왕권을 유지하고 국가안보를 담당하는 '공병公兵'이기보다는, 권세를 가진 개인들의 안위를 지키는 '가병家兵'적인 존재에 가까웠다. 왕권 강화를 위해 추진하는 탕평정치가 성공을 거두기 위해서는 이들 군영을 재편하고, 나아가 장악하는 것이 무엇보다 중요한 과제였다.

이에 숙종은 적극적으로 삼군문 도성수비 체제를 제도화해 나갔다. 이 과정에서 무질서하게 난립한 군영들을 정리하고, 군영의 편제도 일률적으로 바꿔나갔으며, 군영들도 점차 국가의 공병으로 탈바꿈했다. 이는 결과적으로 왕권의 강화로 이어졌다.

산성을 세워 도성의 안위를 지키다

북한산성 축성론은 숙종 28년⁽¹⁷⁰²⁾ 우의정 신완의 주장에 의해 본격화됐다. 이전에는 임진왜란 직후 이덕형이 제기했고, 이후 효종대와 숙종대 남인정권에서 몇 차례 제기했지만 일반적인 논의에 그쳤다. 그러던 중 신완의 제기로 본격적이고도 심도 깊게 논의되기 시작했다.

신완이 북한산을 축성의 최적지로 주목한 이유는 우선 자연적으로 산세가 험하다는 것과, 일부 지역의 경우는 돌이 많아서 3분의 1가량은 낮은 담인 타첩^{垜堞}만 설치해도 수비가 가능하다는 것, 아울러 축성에 필요한 돌을 구하기 편하다는 점 등 때문이었다. 또한 인문적으로도 산성 내 공간이 넓어서 도성민 수만 호를 수용할 수 있다는 점

〈북한산성도〉(서울대 규장각한국학연구원)

과, 사계절 내내 물이 마르지 않는다는 점, 북한산 일대가 교통의 요
충지로 운송로가 끊이지 않는다는 점, 적의 동태를 파악하기에 적당
하다는 점, 경성의 삼강은 물론이고 강화도와 대흥산성 등의 지휘가
용이한 점 등 때문이었다. 이런 장점들을 가진 북한산이야말로 하늘
이 내려준 땅인 것이었다.

　　신완에 의해 제기된 북한산성 축성론은 이후 조정 내 찬반양론을
불러일으켰다. 이때 축성을 지지했던 논자들은 신완과 같은 정치적
성향의 인물들로, 김구·유득일·유집일·이유·홍수주·윤취상·이사영 등

이었다. 이들이 북한산성의 축성을 지지한 이유는 조선 왕실의 보장처인 강화도와 남한산성이 갖는 한계, 그리고 도성이 지나치게 넓어 수비에 곤란하다는 도성수비 불가론 등이었다.

그렇다고 신완 등이 기존의 산성으로 도성을 지킬 수 없다고 하여 도성을 버리자는 것은 아니었다. 이에 대해서는 축성을 반대했던 논자들도 인정하는 바로, 도성과 북한산성을 안과 밖, 표리表裏로 삼아 도성을 지키자는 것이었다.

반면 노·소론 당인 세력 대부분은 북한산성 축성에 반대했다. 이들의 반대 이유는 도성을 폐기하는 것이 불가하다는 점과, 이른바 '수근본론修根本論'으로 민심의 동요를 우려한 것이었다. 후자의 수근본론이란 굶주린 백성이 길에 가득하고 도적이 몰래 일어나는 때를 당해서 백성을 움직여 역사를 일으키는 일은 결단코 할 수 없다는 뜻이다. 이외에도 북한산성의 자연적·인문적 지리 여건이 축성에 적합하지 않다는 점, 청나라와의 약조설, 풍수지리적으로 내룡지맥來龍之脈이 파괴된다는 점 등이었다.

이 같은 노론과 소론의 반대에 따라 북한산성 축성론은 신완이 제기한 당시에는 성사되지 못했다. 그러다가 이후 숙종 35년(1709) 6월 종묘 직장 이상휴에 의해서 재론됐고, 1710년 9월 청나라에서 온 자문咨文으로 인해 논의가 다시 본격화됐다. 당시 청나라 예부에서 온 자문의 내용은 성경장군 송주가 해적 소굴의 소탕을 주문奏聞해 지방의 관군들이 해적의 일부를 살해하고 일부는 승선해 도주했는데, 조선에서 이를 알지 못해 도주한 해적들이 조선에서 약탈을 하는 경우 청국인으로 오인하여 손을 쓰지 않은 채 적에게 해를 입을 것이 우려되니 연근해 지역의 방수에 마음을 쓰라는 것이었다.

북한산성 대남문과 성벽

이전부터 국경을 지키는 관방閽防 강화에 관심을 가졌으나 병자호란 당시 청나라와의 약조 때문에 주춤했던 숙종은 이런 내용의 자문이 오자 이를 관방 강화에 더없이 좋은 기회로 생각하고 조신들과 함께 여러 가지 대책을 강구했다. 이때도 도성을 버려서는 안 된다는 논의가 있었지만 도성에 머물기보다는 별도의 장소에 축성을 하자는 논의가 더 우세했다. 이에 숙종 36년(1710) 10월 한성군 이기하는 홍복산과 북한산의 성터를 살펴본 후 홍복산보다는 북한산에 축성함이 편함을 숙종에게 건의했다.

당시 여러 반대에 봉착한 숙종은 "모사는 여럿이 하더라도 결단은 내가 하고 싶다."는 입장을 견지했고, 결국 1710년 10월 "북한산에는 별도의 양향과 기계를 조치하지 않고도 도성에 가깝기에 도성의 저축을 옮기면 된다."는 이점을 들어 북한산성 축성을 결정했다. 그리고 다음해 봄에는 대신과 대장으로 하여금 쌓아야 할 곳과 그렇지 않은 곳 등을 살피도록 했다. 이렇게 축성을 위한 기초적인 여론의 정지작업이 끝난 상태에서 1711년 2월 민진후閔鎭厚를 북한산구관당상北漢山句管堂上으로 삼고, 무신 가운데서 김중기金重基로 하여금 함께 일을 처리하도록 하면서 북한산성 축성의 역사가 시작됐다.

1711년 2월에 축성이 결정된 후 동년 3월 산성 축성에 필요한 각 부서들이 결정됐으며, 4월 3일 공사를 착수했다. 축성 공사는 당시 도성을 지키던 3개의 군영, 즉 훈련도감과 어영청과 금위영에서 분담해 관장했다. 그리고 6개월 후인 동년 10월 25일 드디어 완공됐다. 성의 길이는 7,620보(총 8km)이고, 성의 평균 높이는 7m, 성곽에는 14개의 성문이 설치됐으며, 성 안에는 136칸의 행궁이 지어졌다.

1711년 북한산성의 축성과 이후 제반 시설의 정비 등을 통해 당시 위정자들은 도성민들과 함께 도성을 지키려는 변화를 보였다. 이런 변화는 영조대 도성수비에 대한 명령을 담은 수성윤음守城綸音의 반포를 통해 수도방위에 대한 의지가 극대화됐으며, 이 과정에서 북한산성은 도성과 표리를 이루며 수도방위의 중심 거점이 됐다.

국내 유일의 한글고비와 효 문화

신령스러운 기운을 담은 최초의 한글 비석

서울특별시 노원구 하계동 산 12-2에 신설된 도로변에는 이문건이 자신의 아버지와 어머니 묘에 세운 비석이 있다. 이 비석은 국내 유일의 한글로 제작된 비석으로 일명 한글고비, 혹은 신령스러운 비라는 의미에서 영비靈碑라고도 부른다. 문화재 정식 명칭은 '서울 이윤탁 한글 영비'다. 최근에 서울시 유형문화재에서 보물 제1524호로 재지정됐다.

이 비석은 조선 중종 때의 문인 이문건이 돌아가신 아버지 이윤탁과 어머니 고령신씨의 합장묘 앞에 스스로 글을 써서 새긴 돌비 묘갈墓碣로, 용 모양의 비석 머릿돌인 이수螭首와 거북 모양의 비석 받침돌인 귀부龜趺가 없고, 회갈색의 화강암을 다듬어 만든 방부方趺와 비문을 새긴 비석의 몸체인 비신碑身만으로 되어 있다.

비의 높이는 143.5cm, 폭은 64.5cm, 두께는 19.3cm이며, 사각형의 받침돌인 방부는 가로 95cm, 세로 48cm로 아무런 조각이 없는 장방형의 화강암으로 되어 있다. 비의 본문 끝에 '가정嘉靖 15년에 세웠다'는 기록으로 보아 1536년(중종 31)에 세워졌음을 알 수 있다. 이 비

이윤탁 한글영비 비각

석은 처음 1535년 입석 때에는 양주 노원면 율이점(지금의 서울특별시 노원구 공릉동 원자력병원 뒷산 태릉 부근)에 있었으나 1년 후 현 위치로 묘가 이장됨에 따라 현 묘역에 실존하고 있다.

　　비의 앞면에는 일반 묘표석처럼 피장자인 '권지승문원부정자이공휘윤탁權知承文院副正字李公諱允濯'과 '안인신씨적고령安人申氏籍高靈의 합장지묘合葬之墓'라는 비양이 해서체로 중앙에 2줄 종서縱書(세로쓰기)됐고, 글자 크기는 가로 4.5cm, 세로 6.5~7cm이다. 그리고 뒷면에는 상단에 가로 5.5cm, 세로 6~6.5cm의 해서를 가로로 쓴 '고비묘갈음지考妣墓碣陰誌'라는 제액題額(비의 명칭을 새긴 부분)이 있고, 그 아래 해서체 종서로 쓴 음지陰誌(음각 문자)가 19행 711자 새겨져 있는데 글자 크기는 가로 2~2.5cm, 세로 2.5~3cm이다.

음지의 내용은 성주이씨星州李氏 자기 가문의 가계를 밝혀 가문을 찬양하고, 돌아가신 부모의 유덕을 추모하며, 끝으로 자손의 망극한 슬픔을 서술하고 있다. 이는 한문묘비문장의 공통적인 문체이자 양식이다.

비의 양측면의 내용은 이문건의 높은 효심을 표현한 것으로, 동측면의 불인갈은 "위부모입차수무부모하인훼지석불인범칙묘불인능명의만세지하가지면부[爲父母立此誰無父母何忍毁之石不忍犯則墓不忍凌明矣萬世之下可知免夫]"라고 새겨져 있다. 불인갈不忍碣은 차마 훼손하지 못하는 비석이란 뜻으로, 내용을 해석하면 다음과 같다.

"부모를 위하여 이 비석을 세운다. 누가 부모 없는 사람이 있어서 어찌 차마 이 비석을 훼손할 것인가? 비를 차마 깨지 못하리니 묘도 또한 능멸당하지 않을 것이 분명하다. 만세를 내려가도 가히 화를 면할진저."

이렇듯 지극한 효심으로 후세에 누가 이 비석과 묘를 해칠 것을 염려하여 《맹자孟子》의 '공손축장구公孫丑章句' 상上에 나오는 불인지심不忍之心, 즉 차마 하지 못하는 마음에 호소한 글이다. 위의 불인갈 세 자는 가로 6cm, 세로 6.5cm의 해서로 쓰고 그 아래에 다시 85cm까지 가로 3cm, 세로 3.5cm의 가는 글씨로 두 줄의 종서로 새겨져 있다. 비의 서측면에는 이 평범한 비갈碑碣(글자 새긴 비석)을 신령스러운 영비靈碑가 되게 하고 문화재로 지정되게 한 한글 추기追記(덧붙여 쓴 문장)가 있다. 내용은 신령한 비석이라는 제목 아래 "이 비석은 신령한 비석이다. 비석을 깨뜨리거나 해치는 사람은 재화를 입을 것이다. 이것은 글 모르는 사람에게 알리는 것이다."라고 당시의 훈민정음으로 기록하고 있다.

영비 두 자는 가로 4cm, 세로 4.5cm의 한자 해서체이고, 그 아래 65cm까지는 한글이 전서체 두 줄로 종서되어 있다. 글자는 모두 30 자이며 글자 크기는 가로 2cm, 세로 3cm로 훈민정음 반포시의 판본체, 한글 고체, 한글 전서체의 글씨형을 보여주고 있다.

이렇듯 글 내용은 동측면의 불인갈과 비슷하지만, 당시 한문을 읽지 못하는 나무꾼이나 목동이라도 한글을 읽을 수 있으므로 혹시라도 이들이 비를 깨뜨릴까 염려하여 일종의 경고문으로 쓴 것이다. 부모를 향한 효심은 불인갈보다 더 잘 나타나 있다.

이 비문에 힘입은 듯 5세기가 지난 현재까지 잘 보전되고 있으며, 실제로 주민들에 의해 신물神物로 여겨져 문화재로 지정되기 전까지 주민들은 이 비석에 금줄을 치고 치성을 드렸다고 한다.

이 비석에는 비양碑陽과 음지陰誌의 일반적 비문 외에 동쪽 측면에 불인갈不忍碣, 서쪽에 영비靈碑라는 제목 아래 한자와 한글로 특이한 추기문이 새겨져 있다.

특히 한글로 새긴 비문은 훈민정음 창제 이래 최초의 한글이 새겨진 금석물로, 아직까지 국내에서는 조선 500년 동안 유일무이한 현존 최고의 희귀한 금석문

한글석문

이라는 점에서 문화재적 가치가 매우 크다.

또한 16세기 한글 고어의 모습을 보여주는 국어학의 학술자료로서, 또 훈민정음 창제 초유의 한글 서예 연구 자료로도 매우 귀중한 문화재이다.

이름난 서예가가 효심으로 눌러쓴 금석문

이 비석을 세운 이문건은 세종 때 영의정을 지낸 이직李稷의 현손으로, 중종의 시책諡冊을 쓰는 일에 발탁됐을 만큼 이름난 서예가였다. 벼슬은 통정대부 승정원부승지를 지냈으며, 사화에 연좌되어 벼슬길이 불안했고, 끝내 성주 유배지에서 세상을 떠났다.

이후 후손들이 충청북도 괴산군 문광면에 살면서 한글고비의 존재가 묻혀 있다가 1925년 후손에 의해 재발견되어《대동기문大東奇文》에 문헌상으로 세상에 알려졌고, 광복 후 역사학자와 국문학자들에 의해 소개·연구되어 그 가치가 평가되기에 이르렀다.

이문건은 1494년(성종 25) 11월 28일 서울 주자동에서 태어났으며, 1547년(명종 2) 54세를 일기로 생을 마쳤다. 본관은 성주星州이며 자는 자발子發, 호는 묵재默齋와 휴수休叟다. 아버지는 승문원 정자를 지낸 이윤탁李允濯이며, 어머니는 고령신씨로 신회申澮의 딸이다.

이문건의 가문은 고려시대 시중과 대제학을 배출한 귀족가문으로, 고려시대 문열공 이조년李兆年의 후손이다. 그의 선대 분묘는 대부분 경상도 성주지역에 있으며, 이 일대의 토착세력이었다. 그러나 조선 건국에 공을 세우면서 관료로 진출한 이직李稷 때부터 근거지를 성주에서 경기 양주로 옮겼다.

이직은 이문건의 직계 조상으로 분묘가 양주에 조성되어 있고, 그의 아들이자 이문건의 고조부인 이사후李師厚도 양주 노원(지금의 서울시 노원구)에 분묘가 있다. 그리고 이사후의 후손들도 이 지역에 분묘를 조성하고 있는 것으로 보아 이문건의 직계 조상은 조선 초기 관료로 진출하면서 성주지역을 떠나 서울로 이주한 것으로 파악된다.

이문건은 일찍이 둘째 형인 충건과 함께 정암 조광조趙光祖의 문하에서 학문을 익혔다. 그리고 1513년(중종 8) 20세의 나이에 형 충건과 함께 나란히 사마시에 합격했다. 그러나 1519년 기묘사화로 스승인 조광조를 비롯해 많은 선비들이 죽음을 당하는 사건이 발생했다. 당시 이조정랑을 지낸 충건과 문건은 조광조의 다른 제자인 이연경

이윤탁한글영비

李延慶·성수종成守琮 등과 함께 나아가 통곡하면서 스승의 죽음을 애통해했다. 당시로서는 훈구 대신들의 정치적 보복이 두려워 기피했던 일이지만 이에 개의치 않고 자신들의 소신대로 행동했던 것이다.

하지만 결국 이로 인해 충건은 사화를 주도한 세력인 남곤南袞과 심정沈貞의 미움을 받아 1521년 안처겸安處謙의 옥사에 연루되어 모진 고문을 받고 청파역靑坡驛

으로 귀양 가는 도중에 죽었다. 문건도 낙안樂安에 유배됐다.

　이후 이문건은 34세 되던 1527년(중종 23) 사면됐고, 그 이듬해 별시 문과에 병과로 급제해 승정원주서에 발탁됐다. 이어서 1533년 승문원박사를 거쳐 이듬해 정언이 됐다. 1535년에는 모친상으로 관직을 떠나 시묘살이를 했고, 1537년 다시 사간원 정언에 제수됐다. 1539년 사헌부 장령을 역임하며 관기 확립에 힘썼고, 그 뒤 실록청 편수관을 거쳐 통례원 우통례, 승문원 판교를 역임했다.

　중종의 국상을 맞이해서는 빈전도감의 낭관으로서 장례문제를 원만하게 처리했다. 이후 인종이 즉위하자 동부승지에 임명됐으며, 명종이 즉위한 후에는 1546년(명종 1) 추성위사보익공신에 올라 우승지가 됐다. 그러나 곧 윤원형尹元衡 등에 의해 을사사화가 일어났고, 그때 조카인 이휘李輝가 화를 입었다. 이문건도 여기에 연루되어 성주에 유배됐으며 그곳에서 생을 마감했다. 괴산의 화암서원花巖書院에 제향됐다.

　이문건은 성품이 근후했고 효성이 지극했다. 그의 관직생활은 1527년부터 1546년까지 약 20년간 지속됐는데, 이 기간 동안 대부분 중앙 관료로 재직했다. 이후 23년 동안 유배 생활을 하면서도 오로지 경사經史에 탐닉하고 시문에 힘썼다. 뒤에 이황李滉·조식曹植·성수침成守琛·이이李珥 등이 그의 시문을 즐겨 읊었다 한다.

4장

조선의 모든 것을 뒤흔든 임진왜란

7년의 전쟁, 한반도를 피로 물들이다

1592년 일본의 한반도 침략으로 시작된 7년간의 전쟁은 동아시아 국제사회의 변화를 가져온 근세近世 최대의 사건이었다. 이 사건으로 전쟁을 일으킨 당사자인 일본의 도요토미 히데요시[豊臣秀吉] 정권은 붕괴됐고, 전쟁터가 된 조선은 온 국토의 황폐화와 함께 전쟁의 상흔을 고스란히 떠안게 됐으며, 조선의 구원을 위해 원병을 제공했던 명나라도 멸망의 운명을 맞이하게 됐다.

이렇듯 동아시아 3국이 전쟁에 휘말려 있는 동안 만주에 자리 잡고 있던 여진족은 힘을 비축하며 급속하게 성장할 수 있는 시간적 공간적 이익을 취했다. 그 결과 명을 멸망시키고 중원의 새로운 강자로 부상하게 됐다. 이처럼 임진왜란은 동아시아 각국의 흥망성쇠에 지대한 영향을 미친 커다란 사건이었다.

한편 전쟁터가 됐던 조선은 나라의 멸망은 면했으나 전쟁의 피해로부터 자유로울 수는 없었다. 그렇다면 과연 조선은 어느 정도의 피해를 입었을까? 그리고 우리가 입은 피해에 대한 책임을 침략국인 일본에게 어떻게 물었을까?

먼저 일본의 침략으로 인한 피해 상황을 살펴보도록 하자. 임진왜란에서 입은 가장 큰 피해는 인명살상이다. 전쟁에 참여했던 조선군뿐만 아니라 이름을 알 수 없는 수많은 백성들이 일본군에 의해 무참하게 학살됐다. 도성에서 일본군이 철수하면서 백성들을 학살한 장면을 《연려실기술燃藜室記述》에서는 다음과 같이 적고 있다.

> 4월에 적이 항복한 우리 백성을 모조리 죽이고 군사를 거두어 남쪽으로 내려갔다. 그때 백성 중의 어리석은 자와 미처 도피하지 못하고 숨어있던 사람들은 적이 백성을 죽이지 않는다 하면서 차츰 모여들어 시장과 상점을 벌이기까지 했다. 적장들은 물러가게 되자 이들을 모두 찔러 죽일 것을 비밀히 의논하고 백성들을 결박하여 남문 밖에 열을 지어 세워놓고 위쪽에서부터 처형하여 내려오는데, 우리 백성들은 칼

살상당한 조선인의 귀를 잘라 일본에 무덤을 만든 귀무덤

을 맞고 모두 죽을 때까지 한 사람도 탈주하지 못했다.

이 글에서 보듯이 일본군이 도성을 점령했을 당시에는 도성에 사람이 없어 백성들을 모으기 위해 죽이지 않는다는 소문을 내고, 물러갈 때는 모조리 묶어놓고 살해했음을 보여주고 있다. 도성이 수복된 직후 명나라 군사들과 함께 도성에 들어온 유성룡은 당시의 참상을 "모화관으로부터 백골이 무더기로 쌓여 있고 성 안에는 죽어 넘어져 있는 사람과 말이 이루 수를 셀 수 없어 냄새와 더러움이 길을 가득하여 사람이 가까이 갈 수가 없었다."고 적었다.

도성에서의 인명살상은 전국적으로 볼 때 빙산의 일각에 불과했다. 당시 일본군을 따라 조선에 왔던 승려 케이넨[慶宇]은 그때의 참상을 일기로 기록했는데 "산 사람은 금속 줄과 대나무 통으로 목을 묶어서 끌어간다."고 묘사하고 있다. 그들의 시각에서 표현된 기록이므로 실제로는 그 정도가 심했으면 심했지 덜하지는 않았을 것이다.

일본군들은 인명살상뿐만 아니라 인면수심人面獸心의 행위들도 서슴지 않았다. 일본군들이 용산강을 건너 이태원 쪽으로 상륙해 진지를 구축했을 때다. 당시 이곳에는 여승女僧들이 모여 있던 운종사雲鐘寺라는 절이 있었다. 그런데 이곳에 주둔한 일본군들이 여승을 무차별하게 겁탈해 많은 여승이 아이를 잉태했다. 이들 중 더러는 자살을 택한 사람도 있었고, 몰래 숨어서 아이를 낳은 사람도 있었다.

이곳은 본래 배나무가 많고 조선시대 역원驛院이 있었던 곳이어서 이태원梨泰院이라 불렸다. 하지만 전쟁이 끝난 뒤에는 일본군의 아이를 가졌다는 의미의 이태원異胎院이라고 속되게 불리기도 했다고 한다.

1593년 5월 서울이 수복된 후의 기록을 보면 전쟁이 발발하기 전

10만 명에 이르던 서울의 인구는 전쟁 동안 일본군들의 무차별적인 인명살상으로 불과 3만 8,901명에 불과했다. 이것은 단지 서울의 인구만을 비교한 숫자이므로 전국적인 피해를 감안할 때 얼마나 많은 사람이 죽었는가를 짐작하고도 남음이 있다.

되돌릴 수 없는 문화유산의 파괴

파죽지세로 도성을 향해 진군한 일본군은 한강을 건넌 후 아무런 저항을 받지 않고 동대문을 통해 도성을 점령했다. 도성을 수호한다던 조선의 관리들은 백성을 버리고 선조와 함께 개성으로 발길을 옮긴 상태였고, 이에 격분한 백성들은 왕이 없는 궁궐을 모두 불살라 버렸다. 당시의 상황에 대해 신경이 쓴 《재조번방지再造藩邦志》에서는 다음과 같이 기록하고 있다.

> 임진년 4월 30일, 돈의문敦義門을 나와 사현沙峴에 이르자 동이 텄다. 뒤돌아 성을 바라보니 검은 연기가 하늘로 뭉게뭉게 피어오르고 있었다. 난민들은 먼저 공사노비의 문서와 장부가 있는 장예원掌隸院과 형조를 불태우고 또 내탕고 안까지 뛰어 들어가서는 비단을 약탈하고 경복궁 창덕궁 창경궁을 하나도 빠짐없이 불태워버렸다.

결국 한성을 지키지 못하고 도성과 백성을 버리고 밤에 도주한 선조의 행위에 불만을 품은 백성들이 궁궐과 관아 건물을 닥치는 대로 소각했음을 보여주고 있다. 그런데 이 건물들의 소각이 조선 백성에 의해 저질러졌다고 해서 일본이 자유로워질 수는 없다. 일본의 침략이

종묘 전경

없었다면 선조가 궁궐을 버리고 몽진할 이유도 없거니와 백성들이 도
성을 불사르는 일도 더더욱 없었을 것이니 그 원인은 결국 일본의 조
선침략에서 찾아야 할 것이다.

　　도성 건물 이외에 한성에 건립됐던 각종 관공서 건물과 성균관
등도 모두 일본군에 의해 훼손됐다. 《쇄미록鎖尾錄》의 기록에 의하면
성균관 건물 가운데 대성전·명륜당·존경각·식당·정록청 등이 완전 소
실됐고, 대성전 앞에 있었던 비도 세 동강으로 잘려져 나뒹굴고 있었

다고 묘사하고 있다. 또한 문소전文昭殿과 연은전延恩殿 등을 비롯해 200년 문물이 모두 없어졌다고 통분하고 있다. 나아가 도성을 탈환한 후 민가의 피해상황을 보고한 유성룡은 도성 전체 민가 중에서 4분의 1 또는 5분의 1만이 남았고 나머지는 모두 소실됐다고 전했다. 이를 통해 당시 도성의 대다수 건물들이 사라졌음을 알 수 있다.

도성 내에서 소실된 여러 건물들 가운데 대표적으로 종묘를 들 수 있다. 서울특별시 종로구 종로 4가 나지막한 산 끝머리에 자리하고 있는 종묘는 조선시대 역대 왕과 왕비, 그리고 추존왕과 왕비의 신주神主를 봉안한 국가 사당으로, 우리나라 사적 제125호이며 세계문화유산으로 지정된 곳이다.

종묘는 유교를 통치이념으로 삼았던 나라에서 대부분 갖추고 있던 건물로서 조선시대에도 국가 제례의 으뜸으로 중요시된 곳이다. 종묘란 본래 정전正殿을 말하며, 조선을 건국한 태조 이성계의 신위神位가 제일 첫 번째에 있기 때문에 태묘太廟라고도 한다.

종묘제도는 중국의 주周나라 이전부터 있었던 동아시아의 제례라고 《예기禮記》에 기록돼 있다. 우리나라의 종묘제도 역사는 삼국시대부터 시작됐다. 조선시대의 종묘는 주례를 기본으로 하고 있지만, 제례를 거행하는 과정이나 신위를 모시는 형태, 건물의 구조 등은 중국의 그것과 전혀 다르다.

조선시대에는 역대 왕과 왕후가 죽은 후에 그 신주를 일단 종묘에 봉안했다. 그리하여 종묘의 건물을 처음 지을 때는 7간으로 하여 5실에 각각 신주를 모셨다. 기본적으로 5묘제를 택하면서 태조의 신주를 제외하고는 4대조를 봉안했다. 그 후 왕위가 계속 이어지면서 점차 신주를 모실 공간이 부족하게 되자 정전 옆에 영녕전을 짓고 이곳에 4대조가 지나면 신주를 옮기도록 하는 조천祧遷이 이뤄졌다.

하지만 비록 4대조라 하더라도 치적이 큰 왕은 만세불후萬世不朽와 조공숭덕祖功崇德의 근본이념에 따라 영녕전으로 옮기지 않고 그대로 정전에 모셨다. 예를 들면 태조를 비롯해 태종·세종·세조 등 치적이 많은 왕들은 그대로 정전에 모셨고, 반대로 재위기간이 짧거나 치적이 적은 왕들인 정종·문종·단종·예종 등은 영녕전으로 신위를 옮겨 모셨다. 그 순서는 왼쪽부터 오른쪽으로 차례대로 신실이 이어졌다.

그런데 종묘처럼 국가의 상징적인 건물조차 임진왜란 때 모두 불탔다.

선조 25년(1592) 5월 3일 한성에 입성한 왜장 우키다 히데이에[宇喜多秀家]는 종묘의 넓은 경역을 진영으로 삼아 휘하 장병 1만을 머물도록 했다. 당시 일본군은 이 종묘 건물이 조선 왕의 신주를 봉안하는 곳임을 잘 알고 있었다. 그런데 이상하게도 이곳에 주둔한 일본군이 날마다 밤이면 피를 토하며 쓰러져 죽었다. 이러한 참혹한 괴변이 계속 일어나자 군사들은 악몽에 시달리게 됐고, 우키다는 두려운 마음에 정전과 영녕전에 불을 질렀다. 그리고 지금의 조선호텔 자리에 있던 남별궁南別宮으로 진영을 옮겼다.

이 해괴한 일을 두고 조선인들과 일본군 사이에선 종묘의 신령이 나타나 일본군들을 죽인 것이라는 운명론적 유언비어가 나돌았다. 하지만 이유가 무엇이든 종묘를 불사르고 훼손한 것은 일본군이며, 전쟁이 끝난 후 궁궐과 종묘 등의 건물을 신축하기 위해 쏟은 공로와 재정적 부담 등을 돈으로 환산하면 엄청난 금액이 될 것이라는 점이다. 이러한 모든 것들이 전쟁으로 인한 피해로부터 발생한 것임을 간과해서는 안 된다.

임진왜란 당시 승려로서 일본군을 따라 조선에 왔던 게이넨[慶年]이 자신의 일기에서 "민가를 방화하여 연기가 피어올랐고 수많은 곡식과 재보財寶가 소실되니 안타깝다."라고 묘사한 것이나, "들도 산도 성도 모두 불태우고 사람을 쳐 죽인다."라는 기록에서 일본군의 파괴상을 단적으로 살펴볼 수 있다.

왕의 무덤까지 잔인하게 파헤친 일본인

도성을 장악한 일본군들은 한강 남쪽에 자리 잡고 있던 선릉宣陵과 정릉靖陵의 무덤을 파헤치고 도굴하는 만행을 서슴없이 저질렀다. 선릉은 조선왕조 9대 성종과 그 계비 정현왕후貞顯王后 윤씨의 능이며, 정릉은 제11대 중종의 능이다. 능이 훼손됐다는 보고를 받은 선조는 비밀리에 사람을 파견해 현지조사를 벌였다.

당시 왕릉 파괴의 진상을 규명하는 책임을 맡은 유성룡은 자신의 군관에게 군사를 거느리고 밤에 가서 그 실상을 살피고 오도록 지시했다. 유성룡이 올린 장계를 보면 다음과 같이 기록되어 있다.

> 정릉에 들어가 보니 수도隧道를 파헤친 곳의 깊이가 포백척布帛尺으로 15척쯤 되고 넓이는 7척이었습니다. 이홍국 등이 구덩이 속에 들어갔으나 밤이므로 어두워 자세히 볼 수는 없고 손으로 더듬어 보았더니, 수의綏衣는 관棺 밖에 옮겨져 있는 것 같았으며, 파낸 광중壙中에는 딴 물건은 없었고, 수도 안에는 기와 조각과 돌이 쌓여 있었으며 능 근처에 조각 조각난 의복이 있었는데 썩어서 손을 대면 부서지는 것을 하나 하나 주어서 독음禿邑에 묻어 둠으로써 뒷날의 고증에 참고하게 하

선릉 전경

였다고 합니다. 또 선릉을 봉심하니 대왕의 능은 수도의 깊이가 7척 쯤, 넓이 5척 쯤 파헤쳐져 있었고, 구덩이 안에는 별로 딴 물건은 없었으나 축회 밖에 설치하였던 엷은 판자들은 거의 타버리고 두어 조각만 남아 있었다고 합니다. 왕후의 능은 수도의 깊이가 6척 쯤이고 넓이는 4척 쯤으로 파헤쳐져 있었고, 판자 조각은 역시 타버렸으나 회격灰隔은 그대로 있었습니다. 두 분 능의 관은 침범당하지 않았다고 합니다.

위의 기록을 보건대 유성룡 등은 정릉의 경우 완전히 파헤쳐져 부장품은 물론 시신까지도 훼손됐고, 선릉은 부장품만 도굴됐으며, 관의 회가 그대로 남아 있는 것으로 보아 시신은 훼손되지 않은 것으로 여겼다. 당시의 유교국가 체제 하에서 선대 왕의 묘소가 이와 같이 파헤

정릉 전경

처지고 도굴 당했다는 사실은 조선의 정계는 물론 백성들을 경악하게
만들었다.

하지만 이것은 밤에 살펴본 형상이었기 때문에 도성을 수복하고
난 이후 능을 살펴본 것과는 전연 달랐다. 선조는 도성으로 돌아온 후
파헤쳐진 두 능을 봉심奉審(왕명을 받들어 묘우나 능침을 보살핌)하라 명했다.
그 결과 선릉은 시신이 없고 잿더미에 타다 남은 뼈만 있었으며, 정릉
은 시신이 그대로 있었지만 중종의 시신인지 여부를 알아낼 수 없었
다. 선릉 또한 남아있는 재와 뼈가 성종의 것인지 여부는 알아낼 수
없었다.

당시 중종의 시신을 살펴본 사람들은 "얼굴의 살은 녹아 없어지
고 털과 살이 빠져 떨어졌으며, 콧대도 깨어졌고, 두 눈도 모두 빠졌

고, 입술도 없었다."고 기록했다. 당시 모습이 차마 눈뜨고 볼 수 없는 참혹한 상황이었음을 짐작하게 한다.

이긍익이 쓴 조선시대 사서《연려실기술^{燃藜室記述}》에는 조선 중기 학자 성혼^{成渾}이 당시 일본군의 만행에 대해 "흉악한 왜적의 행동을 보면 보화를 찾으려고 하는 병졸의 계책이 아니고 왜적의 장수들이 우리나라를 깊이 원수로 삼으려는 행위라고 생각한다."라고 말한 기록이 적혀 있다. 일본군 고위층의 참여 하에 조직적으로 도굴과 시신 훼손이 이뤄졌음을 짐작할 수 있다.

이외에도 강릉^{康陵}이 반쯤 파헤쳐져 있었고, 순회세자^{順懷世子}와 덕빈^{德嬪} 윤씨는 미처 장사도 치르지 못한 채 왜란이 일어나 시체의 행방을 찾지 못했다. 후일 명성황후를 살해한 일본의 추악한 만행과 견주어 보면 시기가 앞섰다고 해서 그리 놀랄 일도 아닌 듯싶다.

임진왜란이라 쓰고 문화전쟁이라 읽는다

임진왜란을 일명 문화전쟁이라고도 한다. 이것은 임진왜란을 계기로 일본이 조선에서 약탈해 간 각종 서적과 도자기, 불교문화 예술품 등이 전쟁 후 일본의 문화발전에 지대한 공헌을 했기 때문이다. 전쟁에 참여한 일본의 장군들은 학승^{學僧}을 대동하고 다니면서 관공서뿐만 아니라 개인이 소장하고 있던 각종 유교 서적을 닥치는 대로 약탈하고 불태웠다.

어느 특정한 지역을 선정하고 약탈한 것이 아니었기 때문에 조선의 수도였던 서울에서의 약탈이 가장 심했다. 서울은 조선시대 때도 정치·경제·문화의 중심지로서 많은 관료와 학자들이 집중적으로 거주하고 있었기 때문에 상대적으로 많은 약탈이 이뤄졌을 것은 명약관화한 일이다.

임진왜란 당시 일본이 약탈해간 전적이 정확하게 어느 정도였는가는 단정하기 어렵다. 다만 현재까지 우리가 알고 있는 것은 내각문고內閣文庫 225부 5,946권 2,966책, 궁내성도서관宮內省圖書館 76부 2,583권 943책, 봉좌문고蓬左文庫 137부 2,543권 1,320책, 존경각문고尊經閣文庫 157부 1,902권 1,072책, 그리고 이외에 족리학교문고足利學校文庫 11부 95책, 명치 초년에 산일散逸된 봉좌문고본蓬左文庫本 4부 312책, 수호창고관水戶彰考館 잔존본 12부 200여 책, 덕천가강德川家康이 복견학교伏見學校에 기증했다는 200부와 이 밖에 자세히 알려지지 않은 것을 합한다면 넉넉히 1,000부 1만여 책 정도가 될 것이다.

명산대천名山大川을 찾아가면 대부분 고찰을 만날 수 있다. 예부터 사찰은 속세를 떠나 깨달음을 구하고자 하는 중생들이 거처하는 곳이었다. 불교문화가 뿌리 깊게 자리 잡고 있는 우리 역사 속에서 사찰은 친근한 문화유산이기도 하다. 그런데 유서 깊은 고찰을 찾아 안내판을 살펴보면 대부분 임진왜란 때 사찰이 불탔다는 기록을 쉽게 접할 수 있다. 이는 임진왜란 때 얼마나 많은 우리 전통사찰의 문화유산이 피해를 입었는가를 단적으로 보여주는 것이다.

일본군의 사찰 파괴는 비단 건물의 소각에만 있는 것이 아니다. 당시 한국의 불교 관련 경전은 일본에서 최고의 전리품으로 각광을 받았다. 이들은 사찰 안에 있는 범종이나 불상을 비롯해 부처님의 설법과 고행을 벽에 그린 탱화까지 오려갔다.

이러한 문화재 파괴는 단순하게 건물을 불사른 것으로 끝나는 것이 아니다. 우리가 잃어버리고 빼앗긴 것은 적어도 수백 년, 아니 천년 이상 우리 민족과 함께 웃고 울며 지키고 이어온 귀중한 자산이자 역사의 산 증거다. 전쟁이 끝난 후에도 수많은 민중들이 어려운 삶 속에서도 문화재 복구를 위한 뼈를 깎는 고통을 감내했다는 사실을 잊지 말아야 할 것이다. 이러한 유·무형의 가치를 생각한다면 임진왜란으로 인한 파괴는 감히 그 가격을 산정할 수 없을 정도의 엄청난 약탈이었다는 점을 인식할 필요가 있다.

일본군은 동아시아에서 그 솜씨를 인정받았던 우리의 도자기 약탈에도 심혈을 기울였다. 그들은 생산된 물품의 약탈에 만족하지 않고 아예 도자기공들을 수시로 일본으로 납치했다. 당시 약탈해간 도자기가 현재 일본의 문화재로 지정되어 있고, 나아가 오늘날 일본에서 명망을 유지하고 있는 도예공들은 대부분 임진왜란 당시에 일본으로 끌려가 돌아오지 못한 도공의 후손들이다. 임진왜란 7년간 우리가 일본에 끼친 문화적 영향력이 지대하였음을 알 수 있다.

5장

대한제국, 장충단과 함께 저물다

일제가 자행한 문화유산 파괴

1910년 이른바 '을사보호조약'이라는 미명 하에 고종을 협박해서 강제로 조선을 집어삼킨 일제는 식민지 기간 동안 철저하게 조선의 정신과 문물을 뜯어 고치기 시작했다. 이러한 행동은 장기적인 식민지화로 한반도의 일본화를 위한 계산된 행동이었다.

일제의 만행은 표면적으로 드러나는 문화유산 파괴에만 머물지 않았다. 창시개명, 한글사용 금지, 황민화 정책, 신사의 설립 등 조선의 민족혼을 말살하고 독립의 의지를 없애려는 노력을 지속적으로 자행했다. 철저하고 치밀한 계획 하에 추진된 그들의 만행은 오늘날까지도 복구되지 않은 채 우리 주위에서 맴돌고 있다.

사실이 이러한데도 오늘날 일제의 식민지배가 조선의 근대화에 기여했다는 망언을 서슴지 않는 일본의 일부 고위 관료들은 과연 어떤 사고의 소유자인 것일까. 이것은 역사에 대한 잘못된 인식에 따른 것으로, 그 결과는 일본의 자라나는 학생들에게 그릇된 역사인식을 심어줄 목적으로 왜곡된 교과서를 만들어 배포하는 일까지 서슴지 않는 것으로 이어지고 있다. 이들의 잘못된 역사 인식이 과연 미래에는

환구단

어떤 모습으로 다시 나타날 것인가. 새로운 군국주의의 부활을 예견
하는 사람들이 적지 않은 이유다.

우리 역사 속에서 일본의 침략은 여러 차례 자행됐다. 끊임없이
대륙으로 진출하려는 그들의 야욕은 끊임없이 전쟁을 일으키고 수많
은 희생자를 만들었다. 전쟁의 결과는 참혹한 수준의 인명 피해와 가
치를 따질 수 없는 문화 파괴를 동반했다. 그리고 그 피해는 수십 년
간 고통을 안겨주곤 하였다. 전쟁의 피해와 고통을 치유할 해답은 일
제강점의 긴 역사 속에서 발견할 수 있을 것이다.

일제강점기 동안 일본은 우리의 문화유산을 얼마나 파괴했을까?

일본이 가장 먼저 파괴를 시작한 곳은 조선의 왕궁이었다. 경복
궁 근정전 앞에 조선총독부 건물을 세워 왕래가 많은 남대문 쪽에서
는 경복궁이 보이지 않도록 했다. 조선총독부 건물은 경복궁의 전각

황궁우와 석고

19채, 대문과 중문 22개, 기타 경복궁 내부의 건물 45개 등 수많은 건축물을 파괴해 지은 것이다. 1995년 8월 15일 총독부 건물을 철거한 후에야 오늘날 광화문 네거리에서 경복궁의 모습을 볼 수 있게 됐다.

해방 이후 많은 사람들이 창경원으로 야유회를 가곤 했다. 불과 30여 년 전까지만 해도 이곳은 벚꽃놀이를 즐길 수 있는 최대 유흥지였다. 남녀노소 모두가 좋아하는 동물원과 식물원까지 갖추고 있었다. 하지만 이는 일제가 조선의 구심점을 없애기 위해 강점기 시설 창경궁을 동물원과 식물원으로 둔갑시킨 것이었다. 1980년대에 이르러서야 창경궁에 있던 벚꽃과 동물들을 과천의 서울대공원으로 이전하고, 1986년 아시안게임 개최를 기점으로 복원 사업을 시작하면서 옛 창경궁으로 제 모습을 찾아가고 있다.

일제는 이 정도에 머물지 않고 경희궁의 서쪽에 일본인을 위한 중학교를 세웠고, 아예 궁궐의 건물을 헐어서 일본식 절을 짓거나, 건축 자재를 일본인들에게 불하해 가옥과 음식점을 짓도록 하는 등 파괴를 일삼았다.

고종은 일제의 침략에 맞서 자주권을 회복하기 위해 조선의 국호를 대한제국으로 바꾸고, 대한제국을 상징하는 제단인 환구단圜丘壇에서 황제로 즉위했다. 명성왕후는 명성황후가 됐고, 왕세자는 황태자가 됐으며, 서울도 황도皇都라고 불렸다.

그러나 1910년 강압적인 한일합방조약으로 대한제국을 강점한 일제는 1911년 2월 대한제국을 상징하는 환구단 건물과 그 터를 총독부 소관으로 바꿔버렸고, 1913년에는 환구단을 아예 헐어내고 그 자리에 지상 3층 지하 1층 규모의 호화스러운 조선총독부 철도호텔을 건립했다. 나라의 황제가 하늘에 제사를 올리던 신성한 곳에 일본인과 외국인을 위한 호텔을 지은 것은 대한제국 멸망의 그늘을 한 눈에 보여주는 실상이다. 한편 철도호텔은 뒤에 조선호텔로 이름을 바꿨다가 1968년에 헐리고 현재의 웨스틴 조선호텔 건물이 들어섰다.

이처럼 궁궐이나 환구단 파괴 이외에도 일제가 자행한 만행 가운데 오늘날까지 그 흔적이 남아있는 것으로 장충단을 지적하지 않을 수 없다.

조선 최초의 무명용사 제단을 세우다

해방 이후 한국전쟁을 치른 우리나라는 전쟁에서 희생당한 장병들의 충정을 기리기 위해 서울 동작동에 국립묘지를 마련하고 장병들의 유해를 안치했다. 나라를 위해 싸우다 숨진 장병과 순국선열들의 충성을 기리는 현충일은 당연하고, 대통령과 정치인, 외국의 지도자들, 일반 시민들에 이르기까지 많은 사람들이 종종 이곳을 방문해 헌화하고 추모하고 있다. 이는 선열들의 고귀한 넋을 기리고, 그들의 희생이 있었기에 오늘날의 우리가 존재한다는 것에 대한 감사의 표현이라고 할 수 있다.

대한제국 때도 지금의 국립묘지와 같은 곳이 있었는데, 바로 장충단獎忠壇이다. 장충단의 설립은 고종의 지시에 의해서 이뤄졌다. 고종 37년(1900) 5월 31일 고종은 육군제도를 만든 이후 그것을 통제하고 조종하기 위한 헌병대가 설치되지 않았음을 지적하면서 황제 직속의 최고 군통수기관인 원수부元帥府로 하여금 헌병대를 편성하도록 지시했다. 이 자리에서 고종은 옛 충신들의 제사를 지내는 것에 대해 다음과 같이 말했다.

> 난리에 뛰어들어 나라를 위한 일에서 죽은 자에 대하여 반드시 제사를
> 지내어 보답하는 것은 귀신을 위로하여 기쁘게 하기 위한 것이며 또
> 한 군사들의 기세를 고무하기 위한 것이다. 갑오년甲午年 이후로 전사
> 한 병졸들에 대하여 미처 제사를 지내주지 못하였으니 참으로 이것은
> 결함으로 된다. 생각하건대 울적하고 원망에 싸인 혼백들이 의지하여
> 돌아갈 곳이 없어 통곡하는 소리가 저승에 흩어져 있지 않는지 어떻게
> 알겠는가? 여기까지 말하고 보니 내 가슴이 아프다. 제사 지내는 절차
> 에 대하여 원수부로 하여금 품처稟處토록 할 것이다.

고종은 갑오년 이후 많은 병사들이 전쟁에서 죽었는데도 그들을 위
해 제사 설행도 하지 못한 자신을 한탄했다. 나아가 목숨을 바쳐 나라
를 위해 희생한 사람들에 대해 제사를 지내는 방안을 강구할 것을 지
시했다. 여기서 갑오년이란 고종 31년(1894)을 가리킨다. 당시 고종이
1894년이라는 상한선을 지정하고 이때 이후로 희생당한 병사들을 제
사 지내고자 한 뜻은 동학군과의 전투에서 희생당한 관군을 기리기
위함이다. 더 나아가 장충단이 건립된 당시의 목적은 고위 관료들의
추모를 위한 것이라기보다는 다수의 군인 희생자를 위한 집단 추모의
장소였다는 점에 주목할 필요가 있다.

이와 같은 사실은 1900년 11월 11일 고종이 대신들에게 지시한
다음과 같은 기록을 통해 보다 명확하게 확인할 수 있다.

> 지시하기를, "충성스러운 사람을 표창하고 절개를 지키는 것을 장려

하며 대대로 벼슬하는 사람은 죄를 용서하고 고독한 사람을 돌봐주는 것은 나라의 떳떳한 법이다. 그런데 어떤 사람은 나라 일을 위하여 죽었는데도 부모 처자는 추위와 굶주림을 면하지 못하고, 어떤 사람은 몸이 원수의 칼날에 찔려 그만 목숨을 잃었으나 돌보아주지 않는다면 착한 일을 한 사람을 무엇으로 고무해 주겠는가? 開國(개국) 503년 이후부터 將領(장령), 호위하는 군사, 병졸, 掖屬(액속) 가운데 절개를 지

장충단비

쳐 죽었거나 몸에 상처 입은 사람이 없지 않았지만 표창하고 돌보아

주는 恩典(은전)은 오늘에 이르도록 미처 베풀지 못하였다. 그러므로

매번 생각이 이에 미칠 때마다 가슴이 아파짐을 금할 수 없다. 元帥府

(원수부)로 하여금 대대로 祿(녹) 받을 사람들의 표를 만들어 등급을 나

누어 시행하도록 할 것이다."라고 하였다.

이와 같이 고종은 1894년 동학군에게 희생당한 병졸뿐만 아니라 일

제의 조선 침탈과정에서 희생된 장령·호위군사·병졸·액속에 이르기

까지 나라를 위해 전사한 불특정 다수의 사람들을 추모하는 일의 정

당성을 표명하고 있다. 아울러 그의 가족이나 후손들에게 녹을 지급

하는 방안까지 마련하도록 지시했다. 이것은 나라를 위해 전사한 사

람들에 대해 고종이 애틋한 마음을 가지고 있었으며, 자신의 뜻대로

되지 않는 국정의 안타까운 현실에 대한 표현의 하나로 인식할 수

있다.

　　당시 장지연張志淵은 〈황성신문〉 사설에서 장졸들의 희생에 대해

"문신가文臣家·세록가世祿家·권귀가權貴家들이 하지 못한 일들을 이들이

몸을 던져 목숨을 바쳤다"고 극찬하면서 장충단 건립의 정당성을 천

명했다.

　　한편 추모의 방안을 마련하라는 고종의 지시를 받은 원수부는 즉

각 과거의 사례 조사에 착수했다. 그로부터 25일이 경과한 6월 25일

원수부의 군무국총장軍務局總長인 이종건李鍾健이 그 결과를 고종에게 보

고했다. 그는 "왕조의 옛 규례를 상고하여 보니 사당祠堂을 지은 때도

있고 제단祭壇을 설치한 때도 있었으나 충성을 표창하고 보답하는 것

은 마찬가지입니다"라고 하면서 사당을 건설해 추모하는 방안과 제

단을 설치해 흠향하는 방법을 제시했다.

이에 대해 고종은 제단을 쌓는 방안을 선택하고, 제단의 건축은 원수부에서 맡아 집행하며, 매년 봄과 가을에 제사를 지내는 문제는 국가 의식에 대한 규정을 담은 예전禮典과 관계되는 문제이므로 이를 총괄하는 장예원掌禮院에서 진행하도록 지시했다.

이러한 과정을 거쳐 옛 남소영南小營 터에 장충단의 축조가 시작됐고 1990년 11월 10일에 완공됐다. 고종의 강력한 의지로 이뤄진 장충단 설립으로 조선은 비로소 나라를 위해 죽은 사람들에 대한 최소한의 예를 갖출 수 있게 됐다.

나라 위해 몸 바친 신령을 모시는 집

장충단의 본 건물인 단사壇祠는 15칸 건물로 3층의 기단 위에 축조됐다. 이 건물을 축조하는데 총 3,793원 70전이 소요됐다. 또한 동원된 인원도 2,257명에 달했다. 장충단 건축에 동원된 사람들은 담당 업무에 따라 분류해 체계적으로 관리했고, 임금 단가도 일의 경중에 따라 차별을 뒀다.

제향을 올릴 때 필요한 각종 제기 등을 보관하는 전사청典祀廳 건물은 총 6칸으로 축대를 쌓고 신축했다. 전사청을 짓는데도 목수·석수·이장泥匠·개와장蓋瓦匠·도배장塗褙匠 등의 기술자 240명이 동원됐고, 404명의 군인들도 공사에 참여했다. 개와장이 참여한 것으로 보면 건물을 기와집으로 지었음을 알 수 있다.

고종은 장충단 건립을 기념하고 장충단 건립의 취지를 널리 알리기 위해 비각碑閣을 만들어 세울 것을 지시했다. 충정공 민영환閔泳煥에게 비문을 짓도록 했고, 1900년 11월 장충단 건너편 동쪽 길목에 조선의 2대 황제인 순종이 친필로 쓴 장충단獎忠壇 세 글자를 새겨 넣은 장충단비를 건립했다.

장충단비는 장충단을 세우게 된 배경을 적은 비석으로, 네모난 받침돌 위에 비석을 얹어 놓은 간략한 형태로 건립됐다. 비각은 1칸 규모인데 붉은색으로 단청했고, 19칸의 목책을 둘렀다. 1.5m의 장방형 애석 비면 뒤에 비문이 새겨져 있다.

이외에도 고사庫舍 3칸과 측간厠間 1칸을 지었고, 장충단으로 통하는 길목에 석교, 길이 4칸 6척에 넓이 2칸 반의 대량판교大樑板橋, 그리고 길이 3칸에 넓이 1칸 6척의 중판교中板橋를 가설해 계곡에서 내려오는 물에 방해받지 않고 건널 수 있도록 했다. 또한 장충단에 필요한 식수를 공급하기 위해 우물도 팠으며, 빗물이 잘 빠지도록 물길을 내고 축대를 쌓아 보존했다. 다음해에는 측간이 부족해 4칸 규모로 신축하기도 했다.

이와 같이 장충단에는 단사 건물 이외에도 전사청·장위헌·장무당·요리정·고직처·창고·측간·교량 등을 갖추고 있었다. 이들 건물들은 매년 봄·가을에 제향을 지낼 때 모두 필요한 최소한의 시설들이었다. 한 가지 독특한 점은 이곳에 화계花階와 화원花苑을 갖춘 요리정料理亭이라는 정자가 있었다는 점이다. 이름 그대로 제향을 지낸 후에 이곳에 모여 흠향을 하기 위한 용도로 건립했을 가능성이 있지만, 사실 여부에 관해서는 추가로 사료 발굴이 필요해 보인다.

장충단이 낙성(완공)된 날인 1900년 11월 10일(음력 9월 19일) 낙성식과 동시에 전사하거나 순직한 사람의 혼령을 위로하는 초혼제招魂祭가 거행됐다. 이후 고종의 명에 의해 매년 봄과 가을 두 차례에 걸쳐 제향을 지냈다. 해마다 춘추로 제사를 지낼 때는 군악을 연주하고, 군인들이 조총弔銃을 쏘면서 엄숙하게 거행했다.

대한제국이 항일·배일의 순국지사들을 장충단에 제향한 것은 호국정신으로 국권을 수호하려던 장병들을 크게 감격시켰다. 뿐만 아니라 일제의 침략 행위가 더욱 극심해질수록 우리 국민들의 장충단에 대한 경모심敬慕心은 더욱 커지고 애국순열 사상도 고조되어 갔다.

이러한 사실은 경술국치를 전후해 널리 애창된 '한양가漢陽歌' 노래가사에서 "남산 밑에 지어진 장충단 저 집 나라 위해 몸 바친 신령 되시네. 태산 같은 의리에 목숨 보기를 터럭같이 하도다. 장한 그 분네."라는 내용을 통해서도 가히 짐작할 수 있다.

이토 히로부미 추모제를 장충단에 연 일본

하지만 일제가 조선의 마음을 모으는 장충단을 그대로 둘 리 없었다. 일제는 장충단을 세운지 8년 만에 장충단제를 폐사廢祀했고, 얼마 지나지 않아 비석도 뽑아버렸다.

장충단 제향이 언제 없어졌는지에 대해서는 구체적인 기록이 남아 있지 않다. 다만 1908년 7월 23일 국가에서 지내는 각종 제사제도에 대한 개정이 이뤄졌는데, 과거 제사 의례가 번잡하고 지나치게 후하여 이를 간소화하고 현재의 조건에 맞도록 제도를 혁신한다는 내용을 담고 있다. 이 조치는 결국 대다수의 제사를 폐지하는 결과를 가져왔다. 이때 단행된 조치는 황실과 관련 없는 제사의 경우 궁내부가 아닌 소속 관사에서 주관하고, 조건에 맞지 않는 제사는 폐지하며, 여러 곳에 흩어져 있는 신주는 한 곳에 모아 제사를 지내고, 해마다 여러

일제에 의해 제사가 폐지되었던 선농단과 선잠단

제4부 오래된 미래 서울에 대한 단상

번 지내는 제사는 간소화 한다는 것이었다.

그 결과 이때 폐지된 제사는 선농단先農壇, 선잠단先蠶壇, 정충단旌忠壇, 무열사武烈祠, 대보단大報壇, 동관묘東關墓, 산천단山川壇 등 20여 개에 이르렀다. 그리고 폐지된 단의 자리는 모두 국유화하는 조치를 취했다. 이러한 행위는 제도를 혁신한다는 미명 하에 조선의 옛 관습을 없애고, 나아가 조선인의 민족정신을 약화하려는 의도라고 할 수 있다.

이때 기록 중에 장충단에 관한 내용은 없지만, 제사제도 개정 조치에서 폐지된 제사들 중 장충단만 살아남았을 것으로 생각하긴 어렵다. 대다수의 제사가 폐지된 상황 속에서 항일정신을 북돋을 수 있는 장충단의 제향을 일제가 그대로 둘 리 만무하기 때문이다. 하지만 일제의 만행은 여기서 끝이 아니었다.

1905년 을사늑약이 체결된 이후 일제의 침략행위는 더욱 노골화되어 갔다. 그들의 침략행위가 조직적이고 치밀하게 진행될수록 일제에게 있어서 장충단은 눈에 가시 같은 존재가 됐다. 이런 와중에 안중근 의사가 대한의 독립 주권을 침탈한 원흉이자 동양 평화의 교란자인 이토 히로부미[伊藤博文]를 1909년 10월 26일 사살했다.

이 사건은 조야朝野에 큰 충격을 주었을 뿐만 아니라 세계 여러 나라에 대한의 독립 의지를 천명하는 계기가 됐다. 그러나 일제는 이토오가 죽자 국장國葬을 선포했고, 국장일인 1909년 11월 4일 황족과 정부의 관료들, 그리고 국민들을 모아놓고 장충단에서 이등박문의 추모제를 거행했다.

이것은 여러 가지 의미를 담고 있다. 일제로부터 조선의 국모를 지키려다 죽은 사람들을 위해 제향을 지내는 이곳 장충단에 조선 침략의 선봉에 섰던 이토오의 추모제를 개최한 것은 조선 백성들에게

박문사의 정문으로 있었던 경희궁 흥화문

장충단의 본래 의미를 퇴색시키고, 일제에 대한 저항의식을 꺾고자
함이었다. 이를 위해 조선의 고관대작들을 모두 불러 모아 이등박문
의 추모제에 참석하도록 했던 것이다.

　더 나아가 일제는 1929년 장충단공원 동쪽에 이토오를 기리기 위
한 일본식 사찰인 박문사博文祠를 짓기 시작해 1931년 완공했다. 일제
침략에 항거하다가 목숨을 잃은 장병들을 위로하기 위해 세운 제단

인 장충단에 일제 침략의 선봉장 역할을 한 이토오의 원찰을 세운 것이다.

더 큰 문제는 경복궁 내 선원전과 그 부속 건물을 훼손해 박문사의 본전과 서원書院을 지었다는 것이다. 조선의 궁궐, 그것도 법궁法宮인 경복궁에서 국왕의 조상을 모신 선원전의 건물을 뜯어다가 조선 침략의 선봉에 섰던 일본인 이토오의 영혼을 위한 건물에 사용한 것이다. 입구의 문도 경희궁 흥화문을 옮겨 배치했다. 궁궐의 정문을 헐어 침략의 원흉을 기리는 박문사의 문으로 만들다니, 일제의 악랄함을 엿볼 수 있는 대목이다.

이러한 일제의 행동은 조선의 민족정신을 말살하고자 했던 조직적이고도 계산된 문화재 파괴이자 정신말살정책의 일환이었다. 장충단에 모셔진 원혼들은 결코 편치 못했을 것이다.

장충단공원에서 고종의 뜻을 헤아리다

시간이 흐를수록 일제의 조직적인 장충단 훼손 행위는 더욱 노골적으로 강도를 높여갔다. 1918년 4월 26일에는 경찰과 소방계원들이 장충단에 모여 운동회를 개최하기도 했다. 더 나아가 1919년 6월부터는 이곳 일대를 장충단공원으로 이름 붙여 경성부가 관리하도록 했다.

일제에 의해 한성부에서 이름이 바뀐 경성부는 장충단에 일본을 상징하는 벚꽃 수천그루를 식재했다. 또한 광장·연못·어린이놀이터·산책로·공중변소·교량 등을 시설했고, 상해사변 때 결사대로 전사한 일본의 육탄3용사의 동상도 세웠다. 광장에서 많은 단체들이 각종 행사를 열도록 장려하기도 했다. 일례로 조선소년군연합육상운동회

가 장충단에서 개최됐고, 전조선궁술대회, 가정부인운동대회, 경성
상공연합대운동회 등 각종 체육대회가 이곳에서 열렸다. 뿐만 아니
라 1941년에는 대동아전쟁 황군필승국도대회까지 장충단에서 개최
했다.

일제는 대한제국이 성역화한 장충단을 공원으로 조성하고 놀이
공간으로 용도를 바꾸는 방식으로 본래 장충단의 의미와 가치를 퇴색
시켜 갔다. 장충단에 얽힌 우리 민족의 역사적 사실을 은폐하고자 기
도했던 것이다.

이뿐만이 아니다. 일제는 조선 민중들로 하여금 소위 진충보국盡
忠報國의 위엄을 배우고 신도臣道를 실천하여 황모皇謨를 받드는데 빛이
되게 한다는 의도에서 장충단공원에 일본정신박람회 가설건물을 설
치했다. 경성부에서는 장충단공원에 궁도장弓道場을 준공하여 일반에
공개하기도 했다. 이에 1919년 3·1 독립운동 때 애국 군중의 선두에
서 싸웠던 우정偶丁 임규林圭는 일제의 장충단 파괴와 훼손을 안타까워
하면서 애끓는 시를 지어 나라 잃은 아픔을 달래려 노력하기도 했다.

이처럼 장충단은 일제강점기를 거치면서 고유의 의미가 퇴색되
고 훼손됐다. 해방 이후에는 한국전쟁을 거치면서 전쟁의 상흔으로
모두 소실돼 자취를 잃어버렸다. 다만 장충단비만이 홀로 남아 옛 역
사를 대변해주고 있는 실정이다. 현재 장충단공원은 남산공원에 흡수
되어 전체가 자연공원으로 관리되고 있다.

뒤늦게나마 서울시 중구청 주관으로 장충단비 앞에서 장충단제
가 행해지는 것은 불행 중 다행이다. 장충단비는 광복 이후에야 도로
찾아서 영빈관 안에 다시 세웠다. 1969년 수표교 서쪽으로 자리를 옮
겼고, 오늘날 장충단공원에 제단이 없는 상태로 홀로 외로이 역사의

현장을 지키고 있다.

1908년 이후 폐지된 장충단 제향은 무려 80년이 흐른 1988년부터 서울시 중구청의 주관 하에 다시 이뤄지고 있다. 대한제국 당시 장충단이 위치했던 중구청은 장충단제례위원회를 조직하고 성균관과 양천향교의 고증을 받아 제향을 추진하고 있는데, 현재는 모두 9위의 신위를 모시고 제향하고 있다. 이들 9위는 장충단 초기에 배향됐던 6명과 을미사변 때 희생된 이경직李耕植·임최수林最洙·이도철李道徹 등이다.

향후 고종의 장충단 건립 의지와 취지를 되살려 원형을 복원하고, 다시 제향을 지내 선열들의 고귀한 희생을 되짚어 보는 것은 후대인들의 과업일 것이다.

서울대박물관·고양시, 《북한산성 지표조사 보고서》, 1996.

서울역사편찬원, 《서울2천년사》 2~20권, 2013~2015.

서울특별시사편찬위원회, 《서울육백년사》1-6권, 1970-1990.

서울특별시사편찬위원회, 《한강의 어제와 오늘》, 2001.

서울특별시사편찬위원회, 《시민을 위한 서울역사 2000년》, 2009.

서울특별시사편찬위원회, 《서울의 문화재》증보판 1~6권, 2011.

오 성, 《조선 후기 상업사연구》, 한국연구원, 2000.

이광린, 《개화파와 개화사상연구》, 일조각, 1989.

이근호·조준호·장필기·심승구, 《조선 후기 수도방위체제》, 서울학연구소, 1998.

이상배, 《조선시대 한양과 지식인》, 경인문화사. 2018.

이상배, 《서울의 누정》, 서울특별시사편찬위원회, 2012.

이상배, 《조선 후기 정치와 괘서》, 국학자료원, 1998.

이철성, 《조선후기 대청무역사 연구》, 국학자료원, 2000.

정옥자, 《조선후기문화운동사》, 일조각, 1988.

정재정 외, 《서울 근현대 역사기행》, 혜안, 1998.

정창열 역, 《한국의 개화사상》, 비봉출판사, 1981.

중앙사학연구소 편, 《동서양 역사 속의 공공건설과 국가경영》, 학고방, 2010.

최완기, 《조선 후기 서울의 경제생활》, 서울학연구소, 1995.

홍순민, 《우리 궁궐 이야기》 청년사, 1999.

김경란, 〈역관들이 무역으로 거부가 되었다는데〉 《조선시대 사람들은 어떻게 살았을까》1, 청년사, 1996.

김동인, 〈당송대 진사과에서 추구된 문학적 교육의 성격〉 서울대 박사학위
　　논문, 1996.

김동인, 〈중국 국자감의 이념과 그 전개과정〉 성균관과 문묘의 세계유산적
　　가치조명 학술대회 발표문, 서울특별시, 2016.

김준석, 〈조선 후기 국방의식의 전환과 도성방위책〉《전농사론》 2, 서울시립
　　대, 1996.

김하원, 〈초기개화파의 대외인식-오경석을 중심으로-〉,《부대사학》 17,
　　1993.

송정남, 〈왕조시대의 베트남 교육기관-국자감을 중심으로-〉《동남아연구》
　　15-1, 2005.

신용하, 〈오경석의 개화사상과 개화활동〉,《역사학보》 107집, 1985.

유승주, 〈조선후기 대청무역의 전개과정-17·8세기 부연역관의 무역활동을
　　중심으로-〉《백산학보》 8, 1970.

이우성, 〈조선 후기 서울의 도시적 양상〉,《향토서울》 17호, 서울시사편찬위
　　원회,

이상배, 〈경제를 살린 상품 생산과 유통〉,《한국문화사》 16, 국사편찬위원회,
　　2007.

이상배, 〈역관들의 생활〉,《조선시대 서울사람들》, 어진이, 2002.

이상배, 장충단의 설립과 장충단제〉,《충민공 이도철의 생애와 활동》, 제천
　　문화원, 2005.

이상배, 〈송파의 역사〉《송파대백과》, 송파구, 2017

이숭녕, 〈임진왜란과 민간피살에 대하여〉,《역사학보》 17·18합집, 1960.

이태진, 〈삼군문도성수비체제의 확립과 그 변천〉《한국군제사-근세조선 후
　　기편》, 육군본부, 1977.

이현수, 〈18세기 북한산성의 축조와 경리청〉《청계사학》8, 청계사학회, 1991.

이현종, 〈임진왜란과 서울〉, 《향토서울》18호, 1963.

이희권, 〈조선 후기의 空館·捲堂硏究〉《사학연구》30, 1980.

조상순, 〈조선 성균관과 문묘의 건축 특성 연구 및 보존관리 방안〉, 성균관과 문묘의 세계유산적 가치조명 학술대회 발표문, 서울특별시, 2016.

조용만, 〈개화운동의 정신적 지주 오경석〉, 《역사의 인물》6, 일신각, 1979.

陳國王, 〈베트남 유교전통의 몇가지 면모-문묘와 국자감-〉《대동문화연구》34집, 2001.

차미희, 〈성균관과 4학〉《서울2천년사》17, 서울특별시 시사편찬위원회, 2014.

322

조선을 읽다, 서울을 느끼다

─ 이상배와 함께하는 서울역사 강의록 ─

2018년 10월 10일 초판 인쇄
2018년 10월 15일 초판 발행

지은이 이상배
펴낸이 한정희

총괄이사 김환기
편집·디자인 김지선 박수진 한명진 유지혜
마케팅 유인순 하재일

펴낸곳 역사인
출판신고 제406-2010-000060호

주소 경기도 파주시 회동길 445-1 경인빌딩 B동 4층
대표전화 031-955-9300 | **팩스** 031-955-9310
홈페이지 www.kyunginp.co.kr | **전자우편** kyungin@kyunginp.co.kr

ISBN 979-11-86828-11-3 03910
값 18,000원

역사인은 경인문화사의 자매 브랜드입니다.